컨셉추얼 씽킹

CONCEP
TUAL
THINKING

컨셉추얼 씽킹

생각하는 방법을
생각한다

요시카와 데쓰토 지음 | 박종성 옮김

쌤앤파커스

'생각의 최적화'가
최고의 아웃풋을 낸다

대부분의 기업들은 '제품의 기능'을 개발하는 데 지나치게 집착한다. 제품설계 과정에서 "이 기능이 필요해, 저 기능도 꼭 넣어야 해, 물론 그 기능도 뺄 수는 없지…."라는 식으로 이런저런 아이디어를 덕지덕지 갖다 붙이고는 가능한 한 최첨단 기술을 동원해 제품을 찍어낸다. 그런데 이렇게 만들어서 결과적으로 얻는 것은 무엇일까? 결론부터 말하자면 적지 않은 개발비를 감당해야 하는 것은 물론이고, 마치 갈라파고스처럼 시장의 니즈와 동떨어진 '최첨단 괴물'이 탄생할 가능성이 크다.

이와 같이 좋은 요소들로 이상한 결과를 초래하는 기이한 이유는 바로 '컨셉추얼 스킬conceptual skill'이 없기 때문이다. 애초에 개념화할 수 있는 능력이 부족하다 보니 기능 하나하나에만 집중함으로써 그것들이 모여 전체적으로 어떤 의미를 주는지를 제대로 이해하지 못한다. 다시 말해 최종 아웃풋에 대한 그림을 그릴 수 없으므로 고객의 입맛과 동떨어진 제품이 탄생할 수밖에 없는 것이다.

그렇다면 전체적인 개념을 잡아내려면 무엇이 필요할까? 바로 '본질'이다. 제품의 본질이 무엇인지 명확히 파악하고 나서 본질에 부합하도록 기능을 개발해야 비로소 고객이 원하는 제품을 세상에 내놓을 수 있다. 그리고 이러한 모든 것들은 컨셉추얼 스킬을 갖출 때 제대로 해낼 수 있다.

컨셉추얼 스킬은 1955년 로버트 카츠Robert Katz 교수가 제창한 개념으로, '본질을 파악하고 활용하는 능력'을 의미한다. 이미 상당수의 리더들에게 갖춰야 할 능력으로 인식되어 왔다. 사실 컨셉추얼 스킬이라는 용어가 처음 등장했을 때는 공장 노동자가 대부분인 시절이었다. '경영'이라는 현대식 기업운영 체계가 미처 확립되지 않은 상황이었고, 관리자 몇 명이 공장 전체를 관리했다. 즉 일부 인원이 의사결정을 내리고 나머지 대부분이 그에 따르는 형태로 조직이 운영되었다. 따라서 컨셉추얼 스킬은 극소수의 리더만 갖추면 되는 것으로 여겨졌다.

하지만 주지하다시피 오늘날은 상황이 매우 달라졌다. 경영자뿐 아니라 직장인 대부분이 기획, 계획, 설계, 문제해결과 관련한 업무를 처리하면서 매일 스스로 무엇인가를 결정해야 하는 시대가 되었다. 과거의 경영자와 같은 입장이 된 것이다. 그 결과 컨셉추얼 스킬은 소수의 리더뿐만 아니라 조직에 몸담고 있는 모든 구성원이 갖춰야 할 역량이 되었다.

일을 할 때면 무언가 잠시 생각해보아야 할 것들이 있다. 여기서 생각한다는 것은 그저 겉으로 드러난 것들을 끼워 맞추는 행위가 아니라, 현상과 사물의 내부에 숨어 있는 본질이 무엇인지를 들여다 보는 것을 의미한다. 이 책은 일상생활은 물론이고 비즈니스 차원에서의 아이디어와 제품개발 과정에서 필요한 본질을 간파하는 방법을 다룬다. 그러기 위해서 지금까지의 습관적으로 반복되었던 편견과 관성을 버리고 원점으로 되돌아가야 한다.

'컨셉추얼 스킬'의 정의: 아래의 3가지 조건을 만족하는 행위

1. 보이지 않는 무언가를 파악하는 것

2. 가치를 판단하는 것

3. 전체를 바라보는 것

컨셉추얼 스킬이 무엇인지는 '행동'과 '사고'라는 2가지 측면에서 생각해볼 필요가 있다. 예를 들어 문제를 해결하거나 콘셉트를 구상할 때 개념적인 차원에서 생각하는 사람이 있는가 하면 그렇게 하지 못하는 사람도 있다. 이러한 차이는 컨셉추얼 씽킹conceptual thinking 역량의 차이에서 비롯된다. 컨셉추얼 씽킹이란 본질을 꿰뚫어보고 응용하는 사고방식이다. 컨셉추얼 씽킹을 할 수 있어야 비로소 문제를 해결할 때 컨셉추얼 스킬을 발휘할 수 있다. 컨셉추얼 씽킹에 능숙하지 못하면 실제로 불필요한 문제를 해결하는 데 시간을 허비하거나 불분명한 아이디어를 내놓게 된다. 일 잘하는 사람은 결국 컨셉추얼 스킬을 갖춘 사람이라는 등식이 성립된다. 아무리 테크니컬 스킬이나 인사관리 역량을 갖췄다고 해도 컨셉추얼 씽킹을 할 수 없다면 일 잘하는 사람이 될 수 없다.

이 책은 실제로 어떻게 해야 컨셉추얼 씽킹을 할 수 있는지 종합적으로 정리할 것이다. 이를 위해서는 컨셉추얼 씽킹을 이루는 구성요소 5가지를 이해할 필요가 있다.

- 전체적 × 분석적 사고축
- 추상적 × 구체적 사고축
- 주관적 × 객관적 사고축
- 직관적 × 논리적 사고축
- 장기적 × 단기적 사고축

여기서 중요한 것은 각 축의 양끝을 반복적으로 넘나들 수 있는 '왕복' 능력이다. 지금까지 우리는 단순히 추상적인 사고는 바람직하지 못하다고 여겨왔다. 추상적일수록 이해하기 어렵기 때문에 좀 더 구체적으로 생각하고 설명해야 한다는 이야기를 숱하게 들어왔다. 그러나 무언가에 대해 생각할 때 추상적인 사고는 매우 필요하다. 또한 추상적으로 생각했던 것들을 구체화해보고 구체화한 결과를 다시금 추상화하면서 생각을 종횡무진 전개할 필요도 있다. 이렇게 추상과 구체라고 하는 사고축의 양끝을 반복적으로 넘나드는 것이 바로 '왕복'이며, 문제를 해결하기 위해서는 이렇게 자유로이 왕복할 수 있어야 한다. 컨셉추얼 씽킹 시에는 이와 같은 '추상적×구체적' 사고축뿐만 아니라 나머지 모든 사고축도 넘나듦으로써 본질과 관련한 컨셉추얼 씽킹을 해나가게 된다.

나는 수십여 년 간 수많은 대기업을 대상으로 프로젝트가 원활하게 진행될 수 있도록 지원하는 일을 해왔다. 프로젝트를 수행할 때는 프로젝트 매니저는 물론 구성원들도 컨셉추얼 스킬을 충분히 갖춰야 한다. 프로젝트의 전반적 흐름, 즉 잠재적 결과물을 놓치지 않으면서도 자기가 맡은 부분을 처리해나가야 하기 때문이다. 특히 최근에는 중앙에서 관리하기보다 현장에 판단을 맡기는 경우가 늘고 있어 컨셉추얼 스킬을 갖춘 구성원이 더 많은 각광을 받는다.

더군다나 4차 산업혁명이 본격화한 오늘날에는 AI나 로봇 등에 대체될 여지가 충분해지면서 프로젝트 리더와 구성원들의 컨셉추얼 스킬이 충분히 갖춰져 있지 않으면 고부가가치의 일을 제대로 처리할 수 없게 되었다. 이러한 문제를 해결하는 데 보탬이 되고자 한 것이 이 책의 집필 이유 중 하나다. 경영자뿐만 아니라 실무 담당자가 스스로 판단하고 결정하는 능력을 기르는 데 이 책이 부디 도움이 되었으면 한다.

차례

PART 1 생각을 '최적화'하는 법

PART 2 보이지 않는 것에서 '맥'을 발견하는 법

PART 3 복잡함을 간단하게 정리하는 법

PART 4 멀리, 또 가깝게 보는 법

PART 5 '먹히는 콘셉트'를 설계하는 법

PART 6 이미지로 만들고 쪼개서 생각하는 법

전체적 × 분석적 사고축

PART 7 추상적으로 구체화시키는 법

추상적 × 구체적 사고축

PART 10 미래로 지금을 통찰하는 법

장기적 × 단기적 사고축

PART 11 개념적 차원에서의 일하는 법

PART 12 '컨셉추얼' 시대에 생존하는 법

CONCEP

PART 1

TUAL

생각을
'최적화'하는 법

THINKING

계획은 어떤 행동을 해야 할지를 설계하는 행위이므로

구체적일 필요는 있다. 그러나 지나치게 구체적인 것에만 집착하다 보면

고객이 원하는 적절한 사양을 뽑아내기 어렵다.

컨셉추얼 스킬은 1955년 하버드 비즈니스 스쿨 로버트 카츠 교수(당시 다트머스 대학교 터크 경영대학원 조교수)가 제창한 개념으로, 주변에서 벌어지는 상황과 현상을 구조화하고 개념화함으로써 문제의 본질을 파악하는 능력을 의미한다. 이는 도표 1-1로 나타낼 수 있다. 우선 그림 맨 아래에는 '컨셉추얼 씽킹'이 있다. 컨셉추얼 스킬의 토대가 되는 사고방식이다. 컨셉추얼 씽킹이 뒷받침되면 콘셉트를 구상하고, 계획하고, 문제를 해결하고, 의사결정을 내리고, 인사관리를 형성하고, 혁신을 도모할 때 본질을 파악하고 아웃풋을 그려낼 수 있다. 달리 말해 컨셉추얼 스킬을 갖추려면 컨셉추얼 씽킹이 반드시 필요하다. 이에 대해서는 뒤에서 다시 다루도록 하겠다. 우선, 컨셉추얼 스킬과 컨셉추얼 씽킹이 무엇인지 명확히 이해할 수 있도

도표 1-1 컨셉추얼 스킬의 구조

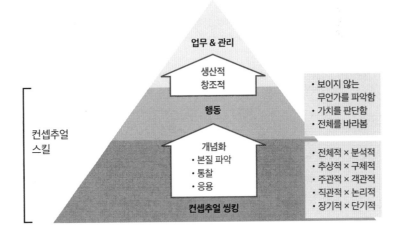

록 콘셉트 구상·기획, 계획, 문제해결, 의사결정, 대인관계, 혁신 등 리더의 6가지 큰 업무 영역을 중심으로 컨셉추얼 씽킹을 잘하는 사람과 그렇지 못하는 사람을 비교해보자.

컨셉추얼 씽킹을 잘 활용하는 리더와 그렇지 못하는 리더의 차이를 비교하면 도표 1-2와 같다. 좀더 크게 보면, 본질을 꿰뚫는 생각과 행동을 할 수 있는 사람인지 그렇지 못하는 사람인지로 구분한 것이라고 할 수 있다.

도표 1-2 컨셉추얼 씽킹을 잘하는 리더와 그렇지 못하는 리더

업무	잘하는 리더	못하는 리더
콘셉트 구상·기획	상황을 큰 틀에서 파악해 전체를 최적화하기 위한 방안을 구상함	특정 부분에 초점을 맞춰 부분을 최적화하기 위한 방안을 구상함
계획	성과를 명확히 정의하고 성과로 바로 연결되는 계획을 수립함	성과를 불분명하게 정의한 상태에서 일을 진행하므로 온갖 것을 망라하는 계획을 내놓음
문제해결	문제의 본질을 명확히 파악하고 개념적인 차원에서 해결하기 때문에 유사한 문제가 재발하지 않음	눈앞에 보이는 문제만 해결하기 때문에 유사한 문제가 재발함
의사결정	결정해야 할 것이 무엇인지 명확하게 식별하므로 신속히 의사 결정할 수 있음	의사결정의 방향성을 명확히 수립하지 않은 채 정보를 수집하는 데만 급급하기 때문에 쉽게 결정을 내리지 못함
대인관계	커뮤니케이션 과정을 구조적으로 파악하고 해당 구조를 활용해 상대방에게 영향을 줌	오로지 인간관계에만 주의를 기울인 나머지 상대방에게 영향을 주지 못함
혁신	문제의 본질을 파악하고 해결함으로써 획기적인 솔루션을 제안함	눈앞에 보이는 문제를 해결하는 데만 초점을 맞춘 결과 근본적으로 개선하지 못함

이제, 컨셉추얼 씽킹을 잘하는 리더와 그렇지 못하는 리더를 사례를 통해 비교해보자.

큰 틀로 파악하고 전체로 최적화한다 [구상]

컨셉추얼 씽킹을 잘하는 리더는 현상을 큰 틀에서 파악함으로써 전체 최적화에 도움이 되는 콘셉트를 구상하고 기획할 수 있다. 반대로 컨셉추얼 씽킹을 잘하지 못하는 리더는 현상의 특정 부분에만 초점을 맞추고 부분 최적화 관점에서 콘셉트를 도출한다(도표 1-3).

도표 1-3 컨셉추얼 씽킹 역량 비교

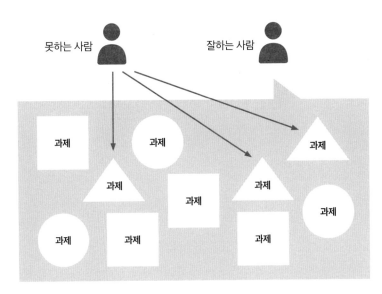

상황

F사는 SI(System Integration, 정보 시스템 및 발전 시스템 등을 고객의 요구에 맞게 기획·개발·구축·운영하는 서비스) 업체다. 이 회사의 유통부문 매출액은 최근 3년간 전년대비 5%, 8%, 10%씩 뚝뚝 떨어졌다. 신규 거래가 늘어나지 않은 상황에서 수주 실패 확률마저 증가했기 때문이다. 프로젝트 단가와 맨먼스(Man/Month, 프로젝트에 투입되는 1월당 인력의 규모를 의미함)가 타사대비 높은 점, 고객 요구사항을 제대로 반영하지 못한 점, 품질관리 수준이 미흡한 점 등이 수주 실패의 주된 요인으로 분석됐다. 이에 대해 컨셉추얼 씽킹을 잘하는 리더 A와 그렇지 못한 리더 B는 각자 다음과 같이 반응했다.

컨셉추얼 씽킹을 잘하는 리더 A

A부문장은 매년 매출액이 감소하는 현상에 주목했다. 그리고 프로젝트 단가·맨먼스, 고객 요구사항 미반영, 품질관리 수준 미흡 등 주요인들을 전체적으로 아우르는 문제가 무엇인지를 살펴봤다. 그 결과 고객가치를 제대로 제안하지 못한 것이 근본 문제임을 깨달았다. 이러한 분석을 바탕으로 '고객가치를 극대화할 수 있는 제안 필요'라는 콘셉트를 도출한 뒤 '제안가치 점수' 제도를 만들어 실행했다.

컨셉추얼 씽킹을 잘하지 못하는 리더 B

B부문장은 프로젝트 비용을 10%씩 삭감하는 방안을 도출했다. 그리고 영업을 강화해 고객유치 상황을 파악하고, 품질관리 기준을

강화하겠다는 방침도 내놓았다.

해설

컨셉추얼 씽킹을 잘하지 못하는 B부문장은 매출액 감소 원인을 정확히 분석하지 않고, 과거의 경험에만 기대어 프로젝트 비용만을 10%씩 삭감함으로써 지속불가능한 비용정책으로 위기를 타개하려고 했다. 비즈니스 환경 변화가 문제의 근본 요인이라는 사실을 간과했기 때문이다. 반면 A부문장은 문제의 원인을 살펴본 뒤 개념화 차원에서 해결방안을 모색했다. 그 결과 고객가치를 극대화하는 방향으로 콘셉트를 잡고 고객에게 제안해야 한다는 장기적 관점의 방침을 수립했다. 그리고 그 실행을 위한 구체적(단기적)인 방안으로 고객가치를 포인트로 정량화하는 제도를 만들어 고객 만족도를 높이는 방향으로 역량을 모았다. 결과적으로 컨셉추얼 씽킹 관점에서 보면 A부문장은 '전체적×분석적', '추상적×구체적', '장기적×단기적' 3가지 사고축을 잘 활용하고 있음을 알 수 있다.

성과를 정의해야 계획이 보인다 [계획]

컨셉추얼 씽킹을 잘하는 리더는 성과를 명확히 정의하고 성과로 바로 연결되는 계획을 수립한다. 반면에 컨셉추얼 씽킹을 잘하지 못하는 리더는 성과를 불분명하게 정의한 상태에서 일을 진행하기 때문에 잡탕식 정체성을 가진 계획을 내놓는다.

상황

제조업체인 S사의 전자책부문은 '전자책 단말기'를 개발해 시장 점유율 10%를 확보하겠다는 목표를 수립하고 제품개발에 돌입했다. 이에 대해 컨셉추얼 씽킹을 잘하는 리더 A와 그렇지 못한 리더 B는 각자 다음과 같이 행동했다.

컨셉추얼 씽킹을 잘하는 리더 A의 행동

A부문장은 시장점유율 10%를 확보하기 위해 무엇이 필요할지를 전자책 단말기에 국한하지 않고 철저히 분석했다. 그 결과 중요한 것은 단말기 그 자체가 아니라 콘텐츠임을 깨달았다. 따라서 경쟁력을 갖춘 콘텐츠 제공 업체와 제휴를 맺고 단말기의 사양 선택권도 해당 입체에게 부여한 후 개발에 착수했다.

컨셉추얼 씽킹을 잘하지 못하는 리더 B의 행동

B부문장은 전자책 단말기 개발의 주안점을 '사용 편리성'에 두고, 가볍고 사용하기 쉬운 단말기를 개발하기로 했다. 이를 위해 시장에서 판매되고 있는 경쟁사 제품을 구입해 장점을 분석한 뒤 이보다 나은 사양의 단말기를 개발할 계획을 수립했다.

해설

계획 수립 시에는 '추상적', '구체적' 사고를 번갈아가면서 할 수 있는 컨셉추얼 씽킹 능력이 필요하다. 물론 계획은 어떤 행동을 해야 할지를 설계하는 행위이므로 구체적일 필요는 있다. 그러나 지나치게 구체적인 것에만 집착하다 보면 고객이 원하는 적절한 사양을 뽑아내기 어렵다. B부문장은 추상적으로는 생각하지 않고 오로지 일단 '사용자 편의성'에만 초점을 맞춰 구체적인 사양을 검토했다. 이럴 경우 타사와 엇비슷한 수준의 제품을 개발할 수 있을지는 몰라도 시장점유율 10%를 확보할 수 있는 혁신적인 제품을 내놓기는 어렵다.

반면 A부문장은 시장점유율 10%를 차지하려면 어떤 콘셉트의 제품을 내놓아야 하는지를 철저히 분석했다. '콘텐츠'를 목표 달성을 위한 주요 수단으로 보았고, 단말기 자체는 콘텐츠를 효과적으로 제공하는 데 적합한 도구여야 한다고 판단했다. 구체적 사고와 추상적 사고를 번갈아가면서 했기 때문에 이러한 아이디어를 떠올릴 수 있었다.

개념화해야 답이 나온다 [문제해결]

문제를 해결할 때 컨셉추얼 씽킹을 잘하는 리더는 문제의 '본질'을 파악하고 개념화된 수준에서 문제를 해결하기 때문에, 유사한 문제가 또다시 발생하지 않도록 방지할 수 있다. 반면 컨셉추얼 씽킹을 잘하지 못하는 리더는 오로지 눈앞에 보이는 문제만 해결하기 때문에 유사한 문제가 언제든 다시 발생할 수 있다. 사례를 통해 비교해 보자.

상황

통신판매 업체인 R사는 고객 불만을 처리하기 위한 대응 매뉴얼을 정비했다. 그럼에도 콜센터 상담원의 미숙한 처리 때문에 불만을 더 크게 키우는 사례가 매월 10건 이상 발생하고 있다. 컨셉추얼 씽킹을 잘하는 리더 A와 그렇지 못한 리더 B는 각각 아래와 같이 행동했다.

컨셉추얼 씽킹을 잘하는 리더 A의 행동

콜센터장 A는 1차 대응과 2차 대응으로 나누고, 1차 대응을 통해서는 고객에게 양해를 구하고 신속히 대처하도록 지시했다. 2차 대응을 통해서는 고객 불만 리스트에 구체적인 내용을 기재하도록 했다. 리스트에는 증상에 대한 내용뿐만 아니라 반드시 분류 항목을 기재하도록 하고, 해당 항목 내에서 생각할 수 있는 다른 증상에 대해서도 적게 했다.

예를 들어 고객이 제품 사용법을 착각해 불만을 제기한다면 '사용법 착각'이라는 분류 항목을 만든다. 그리고 유사한 불만이 제기될 가능성이 있는 제품이 무엇인지 콜센터 전 직원이 찾은 뒤, 원인을 분류하고 대처법을 데이터베이스화 해서 납품업자들에게 공유하게 했다.

컨셉추얼 씽킹을 잘하지 못하는 리더 B의 행동

콜센터장 B는 각 사안에 대해 개별적으로 대응했다. 담당자의 상황 설명을 들은 뒤 건별로 최선을 다해 대응했을 뿐 아니라 필요할 경우 직접 고객을 찾아가 사과하기도 했다. 또한 불만 처리 후에는 대응 매뉴얼에 사례로 추가하도록 지시했다.

해설

문제를 해결하는 데 가장 먼저 필요한 것은 벌어지고 있는 현상을 전체적으로 바라볼 수 있는 역량이다. 콜센터장 B는 고객 불만한 건 한 건을 개별적으로 파악하고 대응한다는 점에서 전체적으로 바라보는 안목이 부족했다고 평가할 수 있다. 다만 문제에 따라서는 즉시 대처부터 한 뒤에 장기적 안목에서 분석하는 것이 필요할 때도 있다.

이때 중요한 것은 문제를 추상화해 단기적 문제와 장기적 문제를 동일하게 다루고 각각에 맞는 대응방안을 구체적으로 결정하는 일이다. 콜센터장 A는 이를 잘해내고 있다고 평가할 수 있다. 이와 같이 문제를 해결하는 데는 '전체적×분석적', '장기적×단기적', '추상적×구체적' 3가지 사고축이 중요하게 작용했다.

결정할 것을 먼저 식별하라 [의사결정]

의사결정 시, 컨셉추얼 씽킹을 잘하는 리더는 결정해야 할 것이 무엇인지 명확히 식별해 신속하게 결정한다. 이에 비해 컨셉추얼 씽킹을 잘하지 못하는 리더는 의사결정의 방향성을 명확히 수립하지 않은 채 정보를 모으는 데만 급급하기 때문에 쉽게 결정을 내리지 못한다. 사례를 통해 비교해보자.

상황

제조업체인 D사는 프로젝트를 통해 제품을 개발한다. 그런데 '프로젝트 X'를 통해 개발하고 있는 제품과 유사한 제품을 경쟁사가 2개월 먼저 출시할 것이라는 정보를 입수했다. 이에 대해 컨셉추얼 씽킹을 잘하는 리더 A와 그렇지 못한 리더 B는 각각 다음과 같이 행동했다.

컨셉추얼 씽킹을 잘하는 리더 A의 행동

A부문장은 제품의 기능보다 시판하는 시기가 더 중요하다고 판단하고 경쟁사 제품이 2개월 먼저 출시되는 것에 따른 영향을 분석했다. 그 결과 개발일정은 그대로 두되 제품 프로모션을 앞당겨 진행하기로 했다.

컨셉추얼 씽킹을 잘하지 못하는 리더 B의 행동

B부문장은 경쟁사 제품이 자사 제품 판매에 어느 정도로 영향을 줄 것인지 파악하는 것이 우선이라고 판단하고 경쟁사 제품과 사양을 비교하도록 지시했다. 그러나 어느 정도로 영향을 줄지 추정할 수 있을 만큼 충분한 정보를 모으지는 못했고, 정보를 더 수집하는 동안 경쟁사는 제품을 출시하고 말았다. B부문장은 결국 2개월이라는 짧은 시간 동안 경쟁사 제품의 실물을 보면서 대책을 강구해야 하는 상황에 처하고 말았다.

해설

의사결정에 있어서 중요한 것은 '결론'이라고 생각하기 쉽지만, 그에 못지않게 중요한 것이 바로 결단을 내리는 '타이밍'이다. 그런 의미에서 '장기적×단기적' 사고축을 활용해 지금 결정하면 당장 어떤 일이 벌어질 것인지, 그리고 장기적으로는 어떤 결과를 낳을지 판단하는 것이 중요하다. B부문장은 장기적인 영향을 중시한 판단을 내렸지만 이로 인해 단기적으로는 바람직하지 못한 행동을 하고 말았다. A부문장은 단기·장기적으로 어떤 영향이 있을지 분석했을 뿐 아니라 당면 문제를 추상화해 판단을 내렸다. 그리고 더 중요한 것은 직관적으로 판단한 뒤 타당한 판단이었는지를 논리적으로 분석했다는 점이다. 의사결정을 내릴 때는 이와 같이 '장기적×단기적', '추상적×구체적', '직관적×논리적' 3가지 사고축이 중요하다.

문제는 관계의 구조다 [대인관계]

대인관계 측면에서 컨셉추얼 씽킹을 잘하는 리더는 커뮤니케이션 과정을 구조적으로 파악하고 해당 구조를 활용해 상대방에게 영향을 줄 수 있다. 반면 컨셉추얼 씽킹을 잘하지 못하는 리더는 오로지 관계에만 주의를 기울인 나머지 상대방에게 영향을 주지는 못한다. 사례를 통해 비교해보자.

상황

SI 솔루션 공급 업체인 N사의 P부문은 프로젝트를 수행하는 도중, 고객에게서 추가 요청사항을 의뢰받았다. 비용은 별도로 청구할 수 있기 때문에 매출과 영업이익을 올리는 데 보탬이 될 수 있을 것으로 보였다. 하지만 사업부장은 예정되어 있던 일 이외에 다른 일을 더 가져오는 것에 대해서 크게 반대했다. 이에 대해 컨셉추얼 씽킹을 잘하는 리더 A와 그렇지 못하는 리더 B는 다음과 같이 행동했다.

컨셉추얼 씽킹을 잘하는 리더 A의 행동

프로젝트 지원팀 A부장은 사업부장과 이야기를 나눈 결과, 이번 프로젝트에 사람을 너무 많이 투입했을 때 별도의 다른 좋은 조건의 프로젝트가 생겨도 제대로 대응하지 못하리라는 것이 그가 걱정하는 부분이라고 판단했다. 이에 프로젝트 업무 분장을 더욱 명확히 해 낭비를 없애고 생산성을 높이자고 제안했다.

컨셉추얼 씽킹을 잘하지 못하는 리더 B의 행동

프로젝트 지원팀 B부장은 사업부장의 의견을 자세히 들은 뒤 그에게 판단을 맡기기로 했다.

해설

로버트 카츠 교수가 남긴 가장 중요한 메시지는 '의사결정자는 물론, 결정한 내용을 실행하는 사람도 컨셉추얼 스킬을 갖춰야 한다'는 것이다. 그리고 컨셉추얼 스킬을 갖췄는지 여부가 극명하게 드러나는 순간은 다른 사람과 커뮤니케이션을 할 때다. B부장은 커뮤니케이션을 제대로 하지 않고 사업부장이 결정하도록 내버려뒀다. 반면 A부장은 사업부장이 반대하는 이유를 확인하고 의견 대립을 해소하기 위한 제안을 내놓았다. 이렇게 할 수 있었던 이유는 먼저 문제가 되는 부분을 추상화한 뒤, 추가로 발생할 만한 문제가 무엇인지 구체적으로 따져봤기 때문이다.

이와 동시에 사업부장이 걱정하는 부분을 이해할 수 있었던 것은 직관 또는 주관적 사고를 했기 때문이다. 또한 이를 바탕으로 객관적인 사고도 번갈아가며 하면서 계속해서 커뮤니케이션한 덕분에 문제를 파악하고 해결방안도 내놓을 수 있었다. 이처럼 커뮤니케이션을 제대로 하기 위해서는 컨셉추얼 씽킹을 할 수 있어야 하며, 그중에서도 특히 '주관적×객관적', '직관적×논리적', '추상적×구체적' 3가지 사고축이 중요하다.

본질에 닿아야 다른 솔루션이 탄생한다 [혁신]

마지막으로, 리더의 업무 중 하나인 혁신에 대해 생각해보자. 혁신 활동 시 컨셉추얼 씽킹을 잘하는 리더는 문제의 본질을 파악하고 해결함으로써 획기적인 솔루션을 제안한다. 이에 반해 컨셉추얼 씽킹을 잘하지 못하는 리더는 눈앞의 문제를 해결하는 데 급급한 나머지, 혁신은 이루지 못하고 단순히 개선하는 데 머물고 만다. 사례를 통해 비교해보자.

상황

포터블 오디오 시장에서 S사는 선두 업체로서 자리매김했다. 경쟁사는 아무리 새로운 제품을 내놓아도 기술력과 개발역량을 보유한 S사를 도저히 뛰어넘을 수 없는 상황이다. 이에 대해 컨셉추얼 씽킹을 잘하는 A사 리더와 그렇지 못하는 B사 리더는 다음과 같이 행동했다.

컨셉추얼 씽킹을 잘하는 A사 리더의 행동

A사의 프로덕트 매니저는 콘셉트가 뛰어난 제품을 내놓고자 했다. 이에 듣고 싶은 CD를 들고 다닐 필요 없이 자기가 소장하고 있

는 모든 음악을 어디서든 마음껏 즐길 수 있는 제품을 제작했다.

컨셉추얼 씽킹을 못하는 B사 리더의 행동

B사의 프로덕트 매니저는 가격 경쟁력과 사용 편리성을 갖춘 제품을 개발해 S사의 아성을 무너뜨리고자 했다. 그러나 개발역량이 뛰어난 S사가 곧바로 대항마를 내놓는 바람에 좀처럼 좋은 결과를 얻을 수 없었다.

해설

혁신은 구체적인 내용들이 한 데 모이면서 이뤄진다. 그러나 기존에는 없던 조합을 찾아내려면 차별화된 콘셉트가 필요하다. 앞에서 다룬 예에서 B사의 프로덕트 매니저는 가격 경쟁력과 사용 편리성이라는 구체적인 내용에 대해서만 모호하게 고려했기 때문에 실패했다. 반면 A사의 프로덕트 매니저는 콘셉트부터 고민했기 때문에 성공했다고 할 수 있다. 이는 콘셉트 구상, 계획, 문제해결, 의사결정, 커뮤니케이션 등 리더의 행동이 콘셉트 차원에서 이뤄졌기 때문에 가능했다.

지금까지 본 것처럼, 컨셉추얼 씽킹을 잘하느냐 못하느냐에 따라 업무와 프로젝트 성과가 달라진다. 그렇다면 어떻게 해야 컨셉추얼 씽킹을 잘할 수 있고, 컨셉추얼 스킬의 수준을 향상시킬 수 있을까?

이 책에서는 컨셉추얼 스킬의 본질이 무엇인지를 먼저 다룬 뒤 컨셉추얼 씽킹에 대해서 설명하고자 한다. 그리고 컨셉추얼 씽킹을 어떻게 활용해야 콘셉트 구상, 계획, 문제해결, 의사결정, 대인관계 등 여러 분야에서 컨셉추얼 스킬을 충분히 발휘할 수 있을지에 대해 설명하고자 한다.

CONCEP

PART 2

TUAL

보이지 않는 것에서
'맥'을 발견하는 법

THINKING

우리는 눈에 보이는 것을 다루는 데는 능숙하다.

하지만 눈에 보이지 않는 것을 머릿속에서 떠올리거나 생각하는 것은 잘하지 못한다.

개념적으로 사고하고 행동하려면 보이지 않는 대상을 자유자재로 다룰 수 있어야 한다.

컨셉추얼하다는 것의 의미

컨셉추얼 스킬과 컨셉추얼 씽킹이 무엇인지를 설명하기에 앞서 '컨셉추얼하다'의 의미를 명확히 해보자. 1장에서 설명한 것처럼 컨셉추얼하다는 것은 '본질을 꿰뚫어보고 이를 바탕으로 사고하고 행동하는 것'을 의미한다. 좀더 구체적으로는 '언제나 본질을 간파하고 본질을 고려해 문제해결, 의사결정, 커뮤니케이션 등을 하는 행위'라고 표현할 수 있다. 그렇다면 '본질'이란 무엇인지 궁금할 텐데 이에 대해서는 뒤에서 이야기하기로 하고, 여기서는 우선 '그 자체가 없어서는 안 될 가장 중요한 근본 성질 및 요소'를 의미한다는 수준에서 이해해두자. 예를 들어 '본질적인 문제'는 문제를 초래하는 근본적 원인을 의미하며, '요구의 본질'은 진정 필요한 것을 의미한다고 정리해두자.

어떻게 컨셉추얼할 것인가

2장에서는 개념화하기 위해 무엇이 필요한지를 이야기해보고자 한다. 다시 말해 본질을 고려해 사고하고 행동하려면 무엇이 필요한지 생각해보겠다. 개념화하려면 다음 3가지 조건이 필요하다(도표 2-1).

① 보이지 않는 무언가를 파악하는 것

도표 2-1 개념화한다는 것의 의미

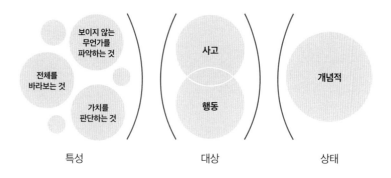

② 가치를 판단하는 것

③ 전체를 바라보는 것

그럼, 각각에 대해 좀더 자세히 살펴보자.

보이지 않는 것, 보이게 하기

개념화한하다는 것은 본질을 파악하는 것과 떼려야 뗄 수 없는 관계지만, 본질이라는 것은 눈으로 직관할 수 없는 경우가 많다. 예를 들어 실수가 잦고 일처리가 느린 사람이 있다고 가정해보자. 한편, 실수는 거의 하지 않지만 지각을 자주하는 바람에 결국 일을 신속히 처리하지 못하는 사람도 있다고 해보자. 수시로 실수를 하고 지각을 자주한다는 표면적인 문제 때문에 팀의 사기 저하라는 또 다른 문제가 불거질지도 모른다. 여기서 중요한 것은, 실수가 잦은 것은 관찰하면 바로 확인할 수 있는 문제지만 팀의 사기가 떨어지는 것은 눈으로 확인하기 쉽지 않다는 점이다. 본질은 항상 다른 무언가의 그림자에 가려져 있어 눈으로는 볼 수 없다. 실수를 자주 범하는 모습이라는 그림자에 팀의 모티베이션 저하라는 문제가 가려져 있는 것이다.

이처럼 본질을 이해하고 대처하려면 결국 보이지 않는 것을 파악하는 행위가 전제되어야만 한다. 지식노동을 하는 내가 매일 업무 중에 다루는 문제의 대부분은 이처럼 보이지 않는 것들이다. 예를 들어 제품을 만드는 과정을 한번 보자. 생산라인에서 제품을 조립하는 사람은 눈에 보이는 대상을 가지고 작업하지만, 제품을 설계하는 사람은 우선 머릿속으로 그려본 뒤 이를 설계도면의 형태로 '가시화'한다. 더욱이 제품 설계보다 먼저 이뤄지는 콘셉트 구상 단계에서는 눈으로 볼 수 있는 것이 전혀 없다.

우리는 눈에 보이는 것을 다루는 데는 능숙하다. 하지만 눈에 보이지 않는 것을 머릿속에서 떠올리거나 생각하는 것은 잘하지 못한다. 개념적으로 사고하고 행동하려면 보이지 않는 대상을 자유자재로 다룰 수 있어야 한다.

나는 비전을 수립하고 비전을 달성할 수 있도록 사업 전략을 짜는 일을 한다. 그리고 해당 전략에 맞게 비즈니스 모델을 구상하고 제품과 서비스의 콘셉트를 도출한다. 콘셉트를 실제로 구현하기 위

도표 2-2 업무 과정 중 보이는 것과 보이지 않는 것

사업 비전
보이지 않음

▼

사업 전략
보이지 않음

▼

비즈니스 모델 / 제품 콘셉트 계획
보이지 않음

▼

제품 / 서비스 계획
보임

▼

제품 / 서비스 출시
보임

해 비즈니스 모델을 가동하고 제품과 서비스 계획을 수립한다. 또한 수익을 창출하기 위해 제품을 제작하고 서비스를 출시한다. 이러한 과정에서 뚜렷하게 보이는 것은 완성된 제품과 서비스뿐이다. 나머지는 정도의 차이만 있을 뿐 모두 추상적인 것들이다(도표 2-2).

비전, 콘셉트, 전략, 비즈니스 모델, 계획 등은 모두 추상적인 것이기 때문에 보이지 않는다. 그렇지만 눈으로 볼 수 있는 제품이나 서비스와 비교할 수 없을 정도로 기업 경쟁력을 크게 좌우하는 요소들이다. 예를 들어 아무리 제품의 품질이 좋아도 콘셉트가 별로라면 팔리지 않을 것이다. 아무리 서비스 품질이 좋아도 비즈니스 모델에 문제가 있으면 수익을 창출할 수 없다. 아무리 역량이 우수해도 계획이 엉망이면 프로젝트는 실패하기 마련이다. 아무리 훌륭한 기술을 보유하고 있더라도 전략이 형편없으면 사업은 성공할 수 없다. 아무리 좋은 인재를 확보하고 있더라도 잘못된 비전을 세우면 조직은 제대로 작동하지 않는다. 따라서 이를 극복할 필요가 있다. 이처럼 '보이지 않는 무언가를 파악하는 것'은 개념적 차원에서 사고하고 행동하기 위한 전제조건이라고 할 수 있다.

가치를 판단한다는 것

눈에 보이지 않는 것을 파악한 뒤에는 의사결정을 위해 가치를 판단해야 한다. 이 경우에도 눈에 보이는 제품이나 서비스라면 품질, 정밀도, 기능 등 객관적인 가치를 판단할 방법이 수없이 많겠지만, 눈에 보이지 않는 대상에 대해서는 평가하기가 매우 어렵다. 예를 들어 비전과 콘셉트의 우열을 어떻게 평가할 수 있을까? 비전이나 콘셉트의 우수성을 평가하는 기준으로 많은 사람들이 언급하는 것이 '참신성'이나 '재미'다. 그러나 사람마다 참신성과 재미를 느끼는 기준은 서로 다르기 마련이다. 즉 주관적 판단 영역인 것이다. 물론 리더가 주관적으로만 판단을 내리면 부하직원들이 수긍하지 않을 수 있으므로 객관적인 관점에서도 바라볼 필요가 있다.

한편 보이지 않는 것은 마찬가지지만 전략이나 비즈니스 모델은 논리적이기도 하고 정형화된 프레임워크가 있는 만큼 비전과 콘셉트에 비해 어느 정도는 객관적으로 평가할 수 있을 거라고 생각하기 쉽다. 그러나 전략과 비즈니스 모델 또한 본질적으로는 주관의 영역이다. 아무리 전략이 탁월하고 비즈니스 모델이 우수하다고 해도 결국에는 주관적으로 평가할 수밖에 없다. 이처럼 눈에 보이지 않는 것에 대해 가치를 판단할 때는, 그것을 어떻게 이해하고 해석할 것인가를 포함한 주관적 관점이 중요하게 작용한다고 할 수 있다. 이는 리더 계층별 컨셉추얼 스킬의 중요성과 관련해 카츠 교수가 이야기한 내용과 비교해서 보면 더욱 흥미롭다. 카츠 교수는 비전과 콘셉트는 상위의 리더가 결정하며, 전략과 비즈니스 모델은 하위의 리더도 결정할 수 있다고 했다.

어느 쪽이 더 나은지를 직관적으로 판단해야 하는 경우도 있다. '직관'이 무엇인지는 나중에 설명하기로 하고, 여기서는 '현상과 사물의 본질을 논리적으로 생각하지 않고 직접적·순간적으로 파악하는 행위'라고만 정의하고자 한다. 다시 말해 본질을 파악하려면 직관이 필요하다는 이야기다. 즉 가치판단이라는 본질 평가를 의미하며 평가 과정에서 직관이 필요한 경우도 있다.

전체를 바라보는 것

세 번째 요소는 '전체를 바라보는 것'이다. 본질을 파악하려면 큰 그림을 보고 부분을 파악하거나 부분을 보고 큰 그림을 그릴 수 있는 능력이 반드시 필요하다. 그리고 시간적인 측면에서도 전체적인 흐름을 파악할 수 있어야 한다. 큰 그림을 그리려면 현상과 사물을 전체적인 관점에서 바라봐야 한다. 전체적으로 바라본다는 것은 대상의 전체적인 모습을 시야에 넣는 것을 의미한다. 이미지화해 파악하는 것이라고도 할 수 있다. 예를 들어 전략을 수립할 때 사업부문 각각의 상황을 일일이 고려하려다 보면 제대로 된 결과를 얻을 수 없다. 눈앞에서 벌어지는 일들에만 초점을 맞춰서는 안 되고, 전체적으로 어떤 방향으로 나아가야 할지를 판단해야 훌륭한 전략을 짤 수 있다. 이와 같은 관점으로 전략을 수립해야 장기적으로 바람직한 결과를 도출할 수 있다.

제품 콘셉트를 구상할 때도 마찬가지다. 제품의 대체적인 형태를 결정하면 그것이 바로 콘셉트가 된다. 사양을 지나치게 세세히 따지면 좋은 콘셉트를 뽑아낼 수 없다. 또한 이미 출시된 제품만 고려할 것이 아니라 향후 어떤 제품을 개발해야 할지도 구상해봐야 한다. 큰 그림을 그리려면 공간과 시간 관점에서 종합적으로 고려해야 한다. 여기서 '종합'이란 다양한 요소가 모여 하나의 전체를 구성하는 것을 의미한다. 이에 대해서도 뒤에서 설명할 예정이지만, 여기서는 개념만 잡을 수 있도록 세계적인 호텔 체인으로 유명한 포시즌스Four Seasons 호텔을 예로 들어보자. 포시즌스는 전 세계에 널리 퍼진 대규모 시설이라는 점, 전 세계 어느 지점을 가더라도 동일한 서비스를 받을 수 있다는 점, 마치 집에 있는 것처럼 편안히 쉴 수 있다는 점을 개념화해 브랜드 인지도를 쌓아올린 대표적인 호텔 체인이다. 이와 같은 개념화는 마일리지 시스템 등을 통한 충성도를 높여줌으로써 여행이 잦은 여행객들에게 차별화된 서비스를 제공했고, 전 세계에서 성공적인 비즈니스를 구가할 수 있는 원동력이 되었다.

컨셉추얼을 위한 3가지 요소

지금까지 설명한 3가지 요소를 통해 본질을 이해한 뒤 이를 바탕으로 생각하고 행동하는 모습을 가리켜 '개념화한다'라고 표현할 수 있다. 그리고 개념적인 차원에서 사고하는 것은 '컨셉추얼 씽킹', 행동하는 것은 '컨셉추얼 스킬'이라고 한다. 일반적으로 이 3가지 요소 모두 어렵게 느껴질 수 있다(도표 2-3).

첫째, 보이지 않는 것을 파악하려면 '가시화'하고 논리적으로 생각해야 할 뿐 아니라, 직관적이고 주관적인 안목을 가지고 결정하고 상황을 전체적인 시야로 바라보며 추상적으로 사고하는 등 다양한 조건을 갖춰야 한다. 무작정 모든 것을 가시화하려 하기보다, 경우에 따라서 보이지 않는 것은 보이지 않는 대로 두기 위해서다. 가령 스마트폰의 사용 편의성이 어느 정도 수준인지 파악하려 한다고

도표 2-3 개념적인 차원에서 사고·행동하기 위한 3요소

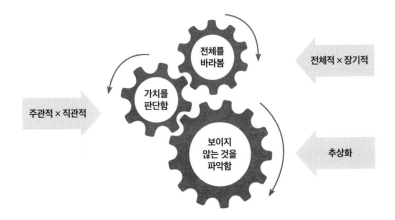

해보자. 이를 위해서는 사용 편의성이라는 정성적 요소를 지표화하고 가시화해 어느 정도로 사용하기 편리한지를 파악해야 한다. 그러나 이것만으로는 사용 편의성이 무엇이고 어느 정도 수준인지를 충분히 표현할 수 없다. 사람마다 중요하게 여기는 부분이 다를 뿐 아니라 지표화가 불가능한 부분도 적지 않기 때문이다.

둘째, 가치를 판단하려면 자신의 생각을 명확하게 표현할 필요가 있다. 같은 조직에 속한 사람이라도 서로 다른 가치를 가지고 있기 때문이다. 가치는 그야말로 정답이 없는 문제다. 즉 가치라는 것은 주관의 영역이다. 조직 구성원들에게 특정한 가치를 강요하면 다양성을 부정하는 것인 만큼, 서로의 생각을 이해하고 가치를 합의해나갈 필요가 있다. 그러나 때로는 자신이 생각하는 가치를 관철시켜나갈 필요도 있다. 또한 가치를 판단하고자 한다면 판단 대상이 지니는 본래의 의미에 대해 깊이 있게 생각해봐야 한다. 그리고 이 과정에서는 추상적 사고가 필수불가결하다.

셋째, 전체를 바라보려면 전체적인 시야를 가져야 한다. 변화가 극심한 시대일수록 전체를 바라볼 줄 아는 것이 개념적으로 행동하고 사고하는 데 있어서 가장 중요하다. 자신이 달라지면 주변에 어떤 영향을 미칠 것인지, 상대방이 달라지면 나는 어떤 영향을 받을 것인지를 제대로 분석해야 한다.

전체를 바라보기 위해 주안점을 두어야 하는 것이 바로 '시스템'이다. 우리를 둘러싸고 있는 시스템이 어떤 구조로 되어 있는지 파악하고, 그 구조에 따라 어떤 영향을 받게 될지를 정확히 이해해야 한다. 그러기 위해서는 사물과 현상을 추상적으로 바라볼 수 있어야 한다. 예를 들어 제품을 시장에 투입한다고 했을 때 해당 제품의 영향을 받게 될 시스템은 무엇이며, 정확히 어떤 영향을 받게 될지를 확실히 이해할 필요가 있다.

CONCEP
TUAL

PART 3

복잡함을 간단하게
정리하는 법

THINKING

컨셉추얼 스킬은 이처럼 개념의 세계와 형상의 세계를 오갈 수 있는 역량이다.

다시 말해 형상의 세계에서 정보를 얻고 개념의 세계에서 분석한 뒤,

다시 형상의 세계에서 실행하는 역량이다.

모두가 리더의 일을 해야 한다

애초에 로버트 카츠 교수는 우수한 리더는 어떤 사람인지가 아니라 무엇을 할 수 있는 사람인지를 기준으로 판별할 수 있다는 가설을 세우고 다양한 조사를 수행했다. 그 결과를 정리한 논문인 '유능한 관리자의 기술들Skills of an Effective Administrator'은 〈하버드 비즈니스 리뷰〉 1955년 1~2월호에 게재됐다.

이 논문은 하나의 크나큰 전제를 근간으로 한다. 그 전제는 바로 '기술적 접근법'이라는 개념이다. 뛰어난 리더는 어떤 사람이냐가 아니라 무엇을 할 수 있는 사람이냐가 더욱 중요하다는 개념이다. 지금이야 일반적이지만 당시까지만 해도 성격이나 사람 됨됨이 등 모호한 기준으로 우수한 리더인지를 평가하는 경우가 많았기 때문에 카츠의 이러한 생각 자체가 획기적이었다.

이후 피터 드러커가 발표한 여러 논문을 통해 이러한 생각이 자리를 잡아나갔고 오늘날 글로벌 비즈니스 현장에서 일반적인 개념으로 자리 잡았다. 로버트 카츠는 테크니컬 스킬을 전제로 리더에게 필요한 역량을 테크니컬 스킬Technical Skill, 휴먼 스킬Human Skill, 컨셉추얼 스킬Conceptual Skill 등 3가지로 정의했다. 이는 주로 도표 3-1과 같이 표현된다.

테크니컬 스킬은 특정한 직무에 필요한 방법, 프로세스, 기술을 숙달한 상태를 의미한다. 좀더 구체적으로는 일에 필요한 전문적인 지식과 업무처리 능력 등을 들 수 있으며, 내용은 그 직무에 따라 조

도표 3-1 컨셉추얼 스킬이란

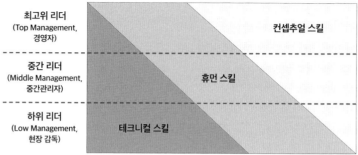

금씩 달라질 수 있다. 그리고 휴먼 스킬은 조직의 일원으로서 업무를 잘 처리하고, 자신이 이끄는 팀의 구성원들이 서로 협력할 수 있는 분위기를 조성하는 능력으로 상대의 말과 행동을 관찰하고 분석한 뒤, 소기의 목적을 달성하기 위해 어떻게 소통하고 설득해야 할지를 판단·실행하는 능력을 의미한다. 리더십, 커뮤니케이션, 코칭, 프레젠테이션, 교섭 및 조정 능력 등이 그 대표적인 예다(도표 3-2).

여기까지는 이해하기 쉽다. 조금 어려운 것이 바로 컨셉추얼 스킬이다. 이는 조직을 종합적으로 파악할 수 있는 능력을 의미한다. 좀더 구체적으로는 각 조직이 기능 면에서 서로 얼마나 의존하고 있는지, 그중 한 조직에 변화가 생기면 조직 전체에 어떤 영향을 미칠지를 인식하는 것이다.

또한 개별 사업이 산업, 지역사회, 국가에 정치적·사회적·경제적으로 영향을 미칠지를 명확하게 그릴 수 있는 것을 뜻한다. 이는 로

도표 3-2 리더에게 필요한 3가지 스킬

스킬	설명	예
테크니컬 스킬	• 업무를 수행하는 데 필요한 지식과 스킬 • 직무를 수행하는 데 필요한 전문지식과 업무처리 능력을 의미하며, 직무 내용에 따라 필요한 스킬의 내용이 달라질 수 있음	기술, 전문지식
휴먼 스킬	• 인간관계를 관리하는 스킬 • 상대의 말과 행동을 관찰하고 분석한 뒤, 소기의 목적을 달성하기 위해 어떻게 소통하고 설득해야 할지를 판단하고 실행하는 능력	리더십, 커뮤니케이션, 코칭, 프레젠테이션, 교섭, 조정 능력
컨셉추얼 스킬	• 주위에서 일어나는 상황과 현상을 구조적, 개념적으로 파악하고 문제의 본질을 간파하는 스킬 • 추상적으로 사고할 수 있고, 상황을 큰 틀에서 이해할 수 있는 능력	문제해결 능력, 통찰력, 응용력

버트 카츠가 문제 제기를 했을 당시 리더들이 테크니컬 스킬과 휴먼 스킬만으로 제 역할을 충분히 해내지 못했던 데서 비롯된 것으로 보인다.

로버트 카츠는 리더의 직위가 높아질수록 컨셉추얼 스킬의 중요성이 더욱 커진다고 판단했다. 도표 3-1을 통해 볼 수 있는 것처럼 휴먼 스킬은 어느 직위에 있더라도 마찬가지로 중요하고, 직위가 올라갈수록 테크니컬 스킬의 필요성은 줄어들며 컨셉추얼 스킬의 중요성은 점점 커진다. 이는 사장과 과장을 비교해보면 바로 알 수 있다.

사장이 되면 각각의 업무에 관여하는 일은 거의 없기 때문에 테크니컬 스킬은 그다지 필요하지 않다. 대신에 회사와 사업 전체 관점에서 전략을 수립해야 하므로 컨셉추얼 스킬이 중요해진다. 반면 과장의 경우에는 자신이 관리하는 각각의 업무에 대해 어느 정도 파악하고 있어야 한다. 그리고 회사 내에서 자신이 어떤 위치에 있고 역할 범위가 어느 정도인지를 확실히 인식해야 한다. 이들에게는 컨셉추얼 스킬이 그다지 많이 필요하지는 않다. 이것이 바로 카츠의 생각이었다.

그러나 최근의 흐름은 이러한 생각만으로는 만족할 수 없는 여건이 되었다. 특히 중간관리자의 기동성 높은 대응이 더없이 절실한 상황에서, 과거 CEO가 도맡았던 판단 능력을 중간관리자, 일반 직원 할 것 없이 조직 구성원 전체가 반드시 갖춰야 하는 시대가 된 것이다. 다시 말해 컨셉추얼 스킬이 모두가 갖춰야 할 핵심 역량이 된 것이다.

문제는 정보를 다루는 역량이다

카츠가 논문을 발표한 이후 컨셉추얼 스킬은 계속해서 중요한 개념으로 받아들여져 왔으나, 최근에는 새로운 움직임이 포착되고 있다. 카츠가 컨셉추얼 스킬에 대한 개념을 최초로 소개한 뒤 오늘날에 이르기까지 일하는 방법 측면에서 큰 변화가 있었다. 논문 발표 당시에는 육체노동자가 대부분이었고, 그중 리더에 한해 필요했던 것이 컨셉추얼 스킬이었다.

하지만 점차 육체노동자가 주류였던 시대가 저물고 이른바 '정보화시대'가 찾아왔다. 지식노동자가 활약하는 시대가 된 것이다. 이를 예언한 사람은 피터 드러커이며 앞으로 3~40년간 이런 시대가 계속될 것으로 보인다.

정보화시대의 지식노동자에게는 산업화시대의 리더와 같은 강도의 컨셉추얼 스킬이 필요하다. 지식노동은 정보라는 눈에 보이지 않는 대상을 추상적으로 다루는 일이기 때문이다. 설계, 회계, 정보화 업무를 생각해보면 쉽게 이해할 수 있다. 관리업무는 아니지만 이에 못지않게 많은 정보를 처리하는 업무이기 때문에, 컨셉추얼 스킬을 갖추지 않고는 좋은 성과를 내기 어렵다.

하이 콘셉트 사고

21세기에 들어서면서 새로운 바람이 불었다. 미래학자인 다니엘 핑크는 이제 정보화 시대는 가고 '콘셉트의 시대'가 도래할 것이라고 예견한 바 있다. 그리고 컨셉추얼 스킬을 구사하는 콘셉트 노동자가 활약하게 될 것이라고 예언했다. 다만 여기에서 이야기하는 컨셉추얼 스킬은 카츠가 제창했던 것보다 범위가 넓다.

다니엘 핑크는 정보화시대에는 논리적인 사고를 바탕으로 사회와 경제를 일궈왔지만 앞으로는 창의성, 공감능력, 거시적 안목이 주춧돌이 될 것이라고 주장했다. 이런 시대에 필요한 역량이 바로 새로운 컨셉추얼 스킬이다. 그가 설명하는 컨셉추얼 스킬은 다음과 같다.

- 직관적으로 답을 찾아내는 능력
- 감정적인 측면의 의미를 파악하는 능력
- 사물과 현상을 거시적으로 인식하는 능력

핑크는 이와 같은 역량을 '하이 콘셉트High Concept'라고 부른다. 이는 우뇌가 담당하는 영역이기는 하지만, 그렇다고 좌뇌가 더 이상 필요 없다는 이야기가 아니다. 예를 들어 직관적으로 답을 찾아내더라도, 그렇게 얻은 답을 반드시 논리적으로 검증할 수 있어야 한다.

나는 다니엘 핑크가 제창한 하이 콘셉트를 참고해 콘셉트의 시대에 반드시 갖춰야 할 컨셉추얼 스킬의 주요 요소를 다음과 같이 정리한다.

① 보이지 않는 무언가를 파악하는 것
② 가치를 판단하는 것
③ 전체를 바라보는 것

즉 보이지 않는 무언가를 파악하고 가치를 판단하며 전체를 바라봄으로써 본질이 무엇인지를 깨달은 뒤, 이를 토대로 사고하고 행동할 줄 아는 것이 컨셉추얼 스킬이라는 것이다.

컨셉추얼 씽킹

개념과 형상을 넘나들어야 한다

컨셉추얼 스킬이 제창된 이후 오늘날에 이르기까지 가장 간과할 수 없는 것은 바로 '매니지먼트(경영)'라는 개념이 확립된 일이다. 60여 년 전 카츠가 '테크니컬 스킬'을 제창한 이유 중 하나는, 당시 기업들이 전체주의 관점에서 운영됐고 매니지먼트 스킬은 여전히 확립되지 않았기 때문이다. 그리고 카츠가 컨셉추얼 스킬을 발표한 것과 비슷한 시기에 피터 드러커는 '매니지먼트'라고 하는 개념을 확립하고 '성과에 대한 책임을 지는 매니지먼트야말로 전체주의를 대체해야 할 개념이자 우리를 전체주의로부터 보호하는 유일한 수단'이라고 정의했다.

이러한 개념에 따라 오늘날에 이르기까지 다양한 형태의 경영기법이 제창됐고 경영방법이 하나의 스킬로서 확립되었다. 매니지먼트 스킬은 사람, 사물, 돈, 정보라는 자원에 대한 활용 기술을 의미하며 전략수립, 사업 포트폴리오 관리, 리스크 관리 등이 그 예다. 이렇게 보면 도표 3-1의 컨셉추얼 스킬 부분에는 도표 3-3처럼 매니지먼트 스킬에 관한 내용이 들어가야 할 것 같다고 생각할 수도 있다.

그러나 앞서 이야기한 것처럼, 컨셉추얼 스킬은 리더만 갖춰야 할 역량이 아니며 실무담당자에게도 반드시 필요하다.

카츠가 테크니컬 스킬을 주장하면서 "의사결정을 내리는 사람과 실행하는 사람 모두 컨셉추얼 스킬을 갖춰야 한다."라고 이야기한

도표 3-3 새로운 컨셉추얼 스킬의 위치

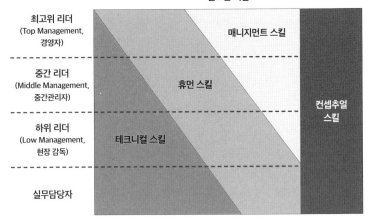

도표 3-4 컨셉추얼 스킬의 형태

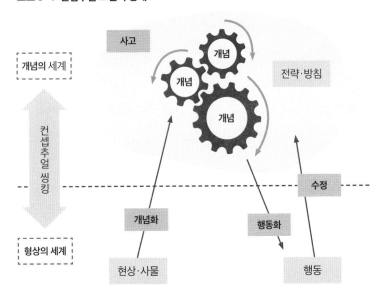

컨셉추얼 씽킹

것은 흥미롭게 다가온다. 예를 들어 프로젝트 형태의 조직을 생각해

보자. 프로젝트팀은 경영전략을 실행하는 주체이므로 컨셉추얼 스

킬을 갖춰야 하는데, 이때 프로젝트 리더에게만 필요한 것이 아니라

팀 차원에서 필요하다. 즉 담당실무자도 컨셉추얼 스킬을 갖춰야 한

다는 이야기다. 결국 도표 3-1은 도표 3-3으로 변모한다. 도표 3-3

은 새로운 컨셉추얼 스킬을 표현한 것이다. 이를 좀더 이해하기 쉽

게 그린 것이 도표 3-4다.

　컨셉추얼 스킬은 이처럼 개념의 세계와 형상의 세계를 오갈 수 있

는 역량이다. 다시 말해 형상의 세계에서 정보를 얻고 개념의 세계

에서 분석한 뒤, 다시 형상의 세계에서 실행하는 역량이다. 개념의

세계와 형상의 세계에 대한 설명은 도표 3-5를 참고하기 바란다.

도표 3-5 개념과 형상의 의미

개념의 세계	• 개념이란 사물과 현상의 개괄적 의미를 뜻함 • 여기서는 눈에 보이지 않는 것과 개념화된 것을 개념이라고 표현함 　추상적, 전체적, 직관적, 주관적, 장기적인 사고가 이에 해당함
형상의 세계	• 형상이란 겉으로 드러난 모양, 형태 또는 감각을 통해 느낀 것, 마음속에 떠오른 개념과 관념을 구체화한 것을 의미함 • 여기서는 눈에 보이는 것과 구체화된 것을 형상이라고 표현함 　구체적, 분석적, 논리적, 객관적, 단기적 사고가 이에 해당함
개념화	• 형상의 세계에서 개념의 세계로 이동하는 것 • 추상화하는 것, 주관을 개입시키는 것, 전체적으로 파악하는 것
행동화	• 개념의 세계에서 형상의 세계로 이동하는 것 • 구체화하는 것, 객관화하는 것, 논리적으로 생각하는 것

같은 일, 다른 결과의 비밀

지금까지 컨셉추얼 스킬이 무엇인지 설명했다. 그렇다면 컨셉추얼 스킬의 본질은 어디에 있는지 살펴보자. 회사를 운영하든 업무를 보든, 일을 처리하려면 기술이 필요하다. 예를 들어 회계, 법무, IT와 관련한 업무를 처리하려면 카츠가 이야기하는 테크니컬 스킬이 요구된다. 또한 커뮤니케이션, 프레젠테이션, 협상 등을 하려면 휴먼 스킬이 필요하며, 앞에서 설명한 모델에 따르면 경영자와 관리자는 매니지먼트 스킬을 갖춰야 한다.

이와 같은 다양한 기술을 활용해 업무를 처리하는 경우, 아무리 지식 수준이 비슷해도 성과는 각자의 기술 수준에 따라 천차만별일 수 있다. 예를 들어 회계업무를 본다고 했을 때, 비용의 구조나 유형에 대해서는 서로 비슷하게 알고 있어도 분개 처리를 적절하게 했는지 여부는 사람마다 다를 수 있다. 그리고 커뮤니케이션 기술 측면에서는 차이가 없다고 하더라도 남보다 더 이해하기 쉽게 설명하는 사람이 있다.

이와 같은 테크니컬 스킬, 휴먼 스킬, 매니지먼트 스킬의 활용성과를 좌우하는 것이 바로 '컨셉추얼 스킬'이다. 컨셉추얼 스킬이 뛰어나면 똑같이 회계업무를 봐도 더 좋은 결과를 내고, 똑같이 커뮤니케이션해도 상대방에게 더 정확하게 메시지를 전달할 수 있다. 이러한 컨셉추얼 스킬은 일의 성격에 따라 영향을 미치는 정도가 다르다. 회계업무의 경우에는 그다지 큰 차이가 없을 것이다. 정해진

절차만 잘 지키면 누가 하더라도 비슷한 결과를 얻을 수 있기 때문이다. 그러나 전략수립 등 매니지먼트 업무는 컨셉추얼 스킬의 수준에 따라 결과가 크게 달라진다. 전략수립 절차를 알고 있다고 해도 그 결과가 사람마다 크게 다르리라는 것은 상상하기 어렵지 않다.

일반적으로 지위가 높은 사람의 업무나 제품 콘셉트를 디자인하고 전략을 수립하는 업무는 컨셉추얼 스킬의 영향을 크게 받는다고 할 수 있다. 컨셉추얼 스킬은 '전체를 보고, 본질을 파악하는 능력'을 의미하기 때문이다. 좀더 풀어서 설명하면 주위에서 일어나는 현상을 개념적, 구조적으로 파악해 본질을 간파하는 능력이라고 할 수 있다. '개념적', '구조적', '본질 간파' 등의 추상적인 표현이 연달아 등장했으니 각각이 의미하는 바를 잠시 음미해보자.

우선 개념적으로 파악한다는 말의 의미는 무엇일까? 추상적으로 파악한다는 뜻이다. 추상적으로 파악한다는 것은 여러 대상물의 공통점을 뽑아 이를 일반화하고 전체적 관점에서 바라보는 것을 의미한다. 전체적인 관점에서 바라본다는 것은 부분이 아니라 전체적으로 돌아가는 상황을 개괄적으로 파악하는 것을 가리킨다. 그렇다면 구조적으로 파악한다는 것은 무슨 뜻일까? 추상적으로 아이디어를 떠올린 뒤 실상을 구체적으로 살펴본다든지, 전체적인 모습을 전체적으로 파악한 뒤 세부 내용을 분석적 관점을 통해 들여다보는 식으로 현상과 사물을 구조화해 파악하는 것을 말한다. 다시 말해 개념적·구조적으로 본질을 파악한다는 것은 '추상적×구체적' 사고축과 '전체적×분석적' 사고축의 양끝을 오가며 본질을 파악하는 것을 뜻한다.

기본적으로는 추상적 사고와 전체적 사고가 컨셉추얼 스킬의 핵심이지만, 컨셉추얼 스킬이 테크니컬 스킬, 휴먼 스킬, 매니지먼트 스킬의 적용 성과를 높여주는 역할을 한다는 점을 고려하면 그 외의 다른 요소도 포함할 수밖에 없다.

우선 추상적으로 생각하든 전체적으로 생각하든 본질은 '주관적'인 것이다. 따라서 본질을 간파하려면 '주관적×객관적' 시각으로 현상을 바라볼 수 있어야 한다. 그리고 본질이 무엇인지 탐색할 때 직관이 필요한 경우가 많으며, '본질은 바로 이것이다'라고 직관적으로 판단한 뒤에는 그것이 왜 본질인지를 논리적으로 설명할 수 있어야 한다.

도표 3-6 컨셉추얼 씽킹의 축

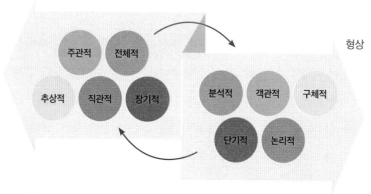

한 가지 덧붙이면, 이와 같은 4가지 사고축에는 시간 개념이 포함되어 있지 않다. 그러나 현상을 관찰할 때 시계열적 개념이 필요한 경우가 있다. 다만 '장기'와 '단기'로만 구분해도 충분하다. 결국 컨셉추얼 스킬의 본질은 다음과 같은 사고축에 있다고 할 수 있다. 이 책에는 이를 '컨셉추얼 씽킹'이라고 부른다(도표 3-6).

- 전체적 × 분석적
- 추상적 × 구체적
- 직관적 × 논리적
- 주관적 × 객관적
- 장기적 × 단기적

또 다른 문제까지 해결할 수 있다

컨셉추얼 스킬이 향상되면 무엇이 어떻게 달라질까? 결론부터 말하면 개념적, 구조적으로 현상과 사물의 본질을 파악할 수 있고 이를 토대로 생각하고 행동할 수 있다. 좀더 상세히 정리하면 도표 3-7과 같다(구체적인 내용은 5장을 참고하기 바란다).

그렇다면 컨셉추얼 스킬이 부족하면 어떤 문제가 초래될 수 있는지에 대해서도 생각해보자. 컨셉추얼 스킬이 부족하면 개념적인 차원에서 생각할 수 없다. 개념적인 차원에서 생각하지 못하면 무엇이

도표 3-7 컨셉추얼 스킬이 향상되면 얻을 수 있는 이점

- 시장과 고객 요구사항의 본질을 파악해, 기대 이상의 제품과 서비스를 제공할 수 있음
- 자신이 생각하는 대로 일을 추진할 수 있음
- 유연한 발상을 통해 문제를 해결할 수 있음
- 상대방이 공감하는 커뮤니케이션을 할 수 있음
- 빠르고 적절하게 의사결정을 할 수 있음
- 일의 본질을 파악해 생산성을 높일 수 있음
- 다양한 의견을 종합해 새로운 아이디어를 낼 수 있음
- 과거에 경험했던 바를 앞으로 할 일에 활용할 수 있음
- 완전히 새로운 것을 생각해낼 수 있음

문제가 될까? '문제해결'이라는 컨셉추얼 스킬을 예로 들어 생각해 보자. 문제를 추상화(개념화)할 수 있으면 파생될지 모를 또 다른 문제까지 파악할 수 있으므로 재발을 어느 정도 방지할 수 있다. 그러나 구체적인 차원에서만 문제를 해결하려 한다면 형태가 조금이라도 다른 문제는 예측하지 못해, 결국 두더지잡기를 하는 것 같은 상황에 처할 수 있다.

사고축의 양끝을 오가야 한다

컨셉추얼 스킬을 향상시키려면 어떻게 해야 할까. 사실 지금까지 설

명한 내용 중에 어느 정도 답이 있다. 우선 눈에 보이지 않는 것을 파악하려면 추상적인 사고, 즉 머릿속에 추상적으로 대상을 떠올린 뒤 이를 구체적인 이미지로 변환할 수 있어야 한다. 예를 들어 고객의 만족도를 높여 충성도를 끌어올리려고 하는 상황이라고 해보자. 이를 위해서는 반드시 고객의 모습을 떠올린 뒤 어떻게 해야 이들을 만족시키고 이들로부터 신뢰를 얻을 수 있을지 머릿속에서 구체적으로 정리해나갈 수 있어야 한다. 컨설팅 프로젝트를 수행하는 경우라면, '프로젝트 산출물의 양을 늘리는 것이 고객의 만족도 변화에 어느 정도 영향을 미칠 것인지'를 상상해볼 수 있어야 한다.

앞에서 '가치 판단'에 대해 설명(43페이지)할 때, 보이지 않는 것의 가치는 주관적으로 판단해야 하며 경우에 따라서는 직관적으로 판단할 필요도 있다고 강조한 바 있다. 물론 나는 비즈니스 상황에서 직관과 주관이 지나치게 개입하는 것은 바람직하지 않다고 생각한다. 다만 내외부에서 어떤 상황이 벌어지고 있는지 전혀 알 수 없다고 해서 계속해서 정보만 수집한다면 그만큼 의사결정이 늦어질 수밖에 없다. 직관과 주관은 바로 이때 도움이 된다.

그러나 직관과 주관만으로는 충분하지 않다. 직관적으로 판단한 뒤에는 반드시 논리적인 검증을 통해 타당성을 확인해야 한다. 또한 주관적으로 판단한 뒤에는 반드시 여러 사람의 의견을 듣고 객관성을 확보해야 한다. 이와 같은 과정을 통해 보이지 않는 것의 가치를 판단할 수 있게 된다.

마지막으로 '전체를 바라보는 것'에 대한 이야기를 해보자. 전체를 바라보려면 반드시 전체적으로 현상을 파악해야 한다. 다만 추상적으로 판단한 뒤에는 반드시 구체적인 현상과 결부지어 보아야 하는 것처럼, 전체적으로 상황을 파악한 뒤에는 반드시 분석적 시각을 통해 세부사항을 살펴봐야 한다. 마찬가지로 시간 관점에서도 전체적, 즉 '장기적인 안목'으로 현상을 바라볼 수 있어야 한다. 물론 이 경우에도 장기적인 관점에서 파악한 내용에 대해서는 반드시 단기적인 관점에서 세분화해 자세히 들여다보아야 한다. 이처럼 컨셉추얼 스킬을 갖추려면 다음과 같은 사고축의 양끝을 오갈 수 있어야 한다. 이 책에서는 이와 같은 사고방식을 '컨셉추얼 씽킹'이라고 한다(도표 3-6).

- 추상적 × 구체적
- 주관적 × 객관적
- 직관적 × 논리적
- 전체적 × 분석적
- 장기적 × 단기적

생각만 하는 것은 누구나 할 수 있다

컨셉추얼 씽킹에 대해서는 4장에서 상세히 설명할 예정이지만, 이번 장에서는 마지막으로 컨셉추얼 씽킹과 컨셉추얼 스킬이 서로 어

도표 3-8 경영자의 컨셉추얼 스킬

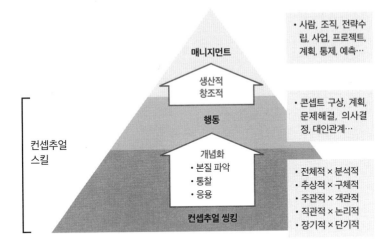

떤 관계를 갖는지 짚어보고자 한다. 지금까지 설명한 내용을 바탕으로 다음과 같이 정리할 수 있다.

- 컨셉추얼 씽킹: 보이지 않는 무언가를 파악하고, 가치를 판단하며, 전체를 바라봄으로써 본질을 파악하는 것
- 컨셉추얼 스킬: 보이지 않는 무언가를 파악하고, 가치를 판단하며, 전체를 바라봄으로써 본질을 파악한 뒤, 이를 바탕으로 행동하는 것

즉 컨셉추얼 스킬이란 '컨셉추얼 씽킹을 바탕으로 행동하는 것'을 의미한다. 도표 1-1(21페이지)에서 다뤘던 '컨셉추얼 스킬의 구조'

도표 3-9 실무자의 컨셉추얼 스킬

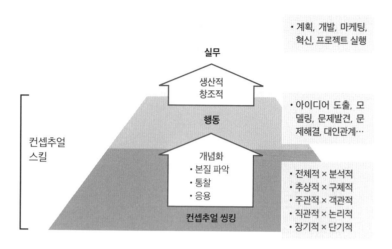

를 다시 한번 살펴보자. 컨셉추얼 스킬은 개념적인 사고와 행동으로 구성되어 있다. 개념적인 차원에서 사고하면 행동도 개념적으로 할 수 있다. 다시 말해 본질에 대해 통찰하고 통찰한 내용을 바탕으로 사고를 확장하면, 결국 본질에 충실한 행동을 취할 수 있게 되는 것이다.

'행동'의 내용은 상황에 따라 달라진다. 도표 3-8은 경영자의 행동을 나타낸 것으로, 이들의 대표적인 행동은 콘셉트 구상, 계획, 문제해결, 의사결정, 대인관계 등 5가지다. 반면 도표 3-9는 실무 리더와 담당자의 행동을 나타낸 것으로 아이디어 도출, 모델링, 문제발견, 문제해결, 대인관계 등을 포함한다. 그리고 행동을 토대로 매니지먼트와 실무가 이뤄진다.

행동을 개념화할수록 매니지먼트와 실무를 더욱 생산적이고 창조적으로 수행할 수 있다. 매니지먼트는 예를 들어 전략수립, 사업계획, 통제, 예측, 프로젝트 관리, 조직관리, 대인관계 등을 의미한다. 그리고 실무는 설계, 개발, 마케팅, 혁신, 프로젝트 실행 등의 활동을 가리킨다. 우리는 '매니지먼트'와 '실무'라는 이 2가지 큰 틀로 나눠 컨셉추얼 씽킹을 알아볼 것이다.

CONCEP

PART 4

TUAL

멀리,
또 가깝게 보는 법

THINKING

문제발생 시 반드시 주의해야 하는 것은 발생한 문제가 단순한 현상에 지나지 않는지

아니면 본질적인 문제 그 자체인지를 정확히 파악하는 일이다.

단순한 현상일 뿐이라면 아무리 해결해봤자 또 다른 형태의 문제가 재발할 수 있는 만큼

본질적인 문제가 무엇인지 끝까지 추적해서 해결할 필요가 있다.

사물과 현상, 구조와 개념

지금까지 설명한 바와 같이, 컨셉추얼 스킬의 핵심 중 하나는 본질을 꿰뚫기 위해서 사물과 현상을 구조적, 개념적으로 파악하는 것이다. 좀더 자세히 설명하면 다음의 3가지 요소를 통해 본질을 간파해낸다.

① 보이지 않는 무언가를 파악하는 것
② 가치를 판단하는 것
③ 전체를 바라보는 것

이에 대해 더 자세히 생각해보자.

상호관계를 미분하는 힘, 구조화

'구조적으로 파악하는 것(구조화)'과 '개념적으로 파악하는 것(개념화)'이 무엇을 의미하는지 살펴보자. '구조화'는 사물과 현상을 구성하는 요소 사이에 존재하는 관계를 명확히 확인하는 행위를 의미한다. 이를 위해서는 기본적으로 대상물을 하나의 시스템으로서 인식할 수 있어야 한다. '자동차 레이싱대회 우승'이라는 행위를 예로 들어보자. 이 경우에는 자동차 레이싱에서 승패를 가르는 요소로 무엇이 있는지 식별하고 각 요소 사이에 어떤 관계가 성립하는지 살펴봐야 한다. 승패를 좌우하는 요소로는 다음과 같은 것들을 고려할 수 있다.

- 엔진 출력
- 차체 중량
- 차체 표면적
- 타이어 종류
- 카레이서의 운전 실력
- 최고 속도
- 평균 속도

각 요소 사이에는 상관관계 또는 인과관계가 성립할 수 있다. 인과관계는 'A일 때(A이어야) B가 될 수 있는 관계'를 의미하며, 상관관계는 어떤 관계인지는 잘 몰라도 어쨌든 'A와 B가 서로 연관돼 있는 경우'다. 엔진 출력과 최고 속도 사이에는 '엔진 출력이 크면 클수록 최고 속도도 올라갈 것'이라는 인과관계가 성립할 수 있다. 차체 중량과 최고 속도 사이에도 '차체가 가벼울수록 최고 속도도 올라갈 것'이라는 인과관계가 있을 수 있다.

이와 반대로 '차체의 표면적이 넓을수록 최고 속도는 그만큼 내려갈 것'이라는 인과관계 또한 성립할 수 있다. 그렇다면 카레이서의 운전 실력과 최고 속도 사이에는 어떤 관계가 있을까? 적어도 인과관계는 아닐 것이다.

이처럼 전체를 구성하는 각 요소 사이에 존재하는 인과관계와 상관관계를 인식해나가는 것이 바로 사물과 현상을 구조적으로 파악하는 행위다.

보이지 않는 것을 연역하는 힘, 개념화

그렇다면 '개념적으로 파악한다'는 것은 무슨 뜻일까? 사실 '개념'은 머릿속에 떠올리기에 어려운 단어다. 사전적으로는 '사물의 본질을 파악하는 사고의 형식. 사물의 본질적인 특징과 그것과 관련된 것. 동일한 본질을 갖는 일정 범위의 사물(외연)에 적용되면서부터 일반성을 가짐' 등으로 풀이된다. 이해가 되는 것 같으면서도 이해했다고 선뜻 말하기는 어려운 단어다. 여기에 '파악한다' 또는 '~화化'라는 표현까지 더해지면 이해하기가 더 어려워진다. 어느 쪽이든 본질과 관계된 표현이다.

사전에 나와 있는 '개大'라는 개념에 대해서 잠시 생각해보자. 우선 개라는 개념의 내용(내포)에 해당하는 것은 개가 갖는 개로서의 특징이다. 예를 들어 '네 발로 움직인다', '꼬리가 있다', '멍멍하고 짖는다' 등의 특징이 이에 해당한다. 그리고 외연에 해당하는 것은 '모든 종류의 개'다. 여기서 주의해야 하는 것은 '네 발로 움직인다', '꼬리가 있다' 등의 특징은 개뿐만 아니라 다른 동물에도 해당된다는 점이다. 여기에 '멍멍하고 짖는다'라는 눈에 띄는 특징이 붙어야 비로소 개가 될 수 있는 것이다. 이는 곧 개념에는 일종의 계층이 존재하며 개념에 대해 생각할 때는 계층적인 사고를 하는 것이 바람직하다는 것을 의미한다.

구조적 + 개념적 ⇒ 본질

그렇다면 왜 구조적으로 파악하거나 개념적으로 파악해야 본질을 간파할 수 있는 것일까? 본질에 대해서는 뒤에서 설명할 예정이니 여기서는 3장에서 등장한 정의 정도만 염두에 두도록 하자. 즉 본질이란 '그 자체로 없어서는 안 될, 가장 중요한 근본 성질 및 요소'인 것이다.

우선 구조적으로 파악하는 과정에서 구조상 중요한 요소가 어디에 있는지 알 수 있다. 중요한 요소가 누락될 경우 전체가 제대로 기능하지 못하게 된다. 앞에서 언급한 자동차 레이싱의 사례로 이야기해보면 '최고 속도'라는 요소는 없어도 크게 문제될 것이 없다. 최고 속도로 달릴 수 있는 거리는 짧기 때문이다. 그러나 '평균 속도'라는 요소가 빠지면 자동차 레이싱을 시스템으로서 설명하기가 어렵게 된다. 따라서 평균 속도는 자동차 레이싱의 본질이라고 간주해볼 수 있다.

한편 개념적으로 파악하면 '개념상 중요한 요소가 무엇인지' 명

도표 4-1 컨셉추얼 스킬의 구조

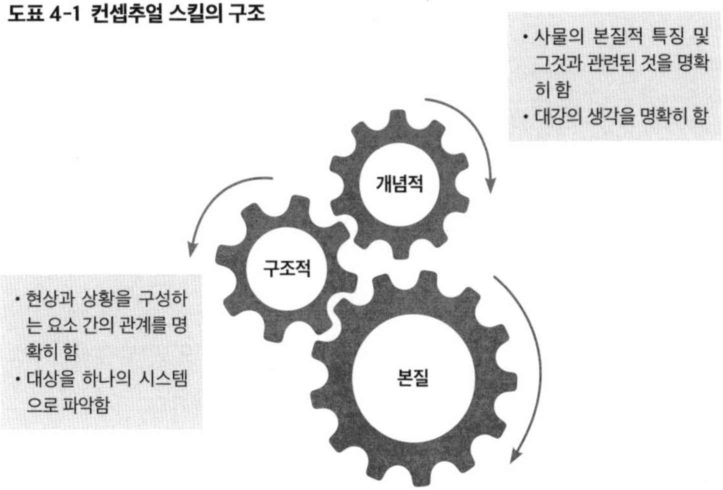

- 사물의 본질적 특징 및 그것과 관련된 것을 명확히 함
- 대강의 생각을 명확히 함

- 현상과 상황을 구성하는 요소 간의 관계를 명확히 함
- 대상을 하나의 시스템으로 파악함

개념적

구조적

본질

확히 파악할 수 있다. A라는 자동차 레이싱에서 중요한 것이 카레이서의 운전 실력과 평균 속도라고 해보자. 그리고 B라는 자동차 레이싱에서 중요한 것은 엔진 출력과 카레이서의 운전 실력 그리고 평균 속도라고 해보자. 그렇다면 자동차 레이싱에서 중요한 것을 개념화하면 카레이서의 운전 실력과 평균 속도라고 정리할 수 있다. 이와 같이 구조적이고 개념적인 측면에서 생각해보면 자동차 레이싱에서 중요한 것, 다시 말해 자동차 레이싱의 본질은 평균 속도라는 결론을 얻을 수 있다.

이처럼 구조적이고 개념적으로 파악함으로써 가장 중요한 요소가 무엇인지 찾아낼 수 있으며, 이것이 바로 컨셉추얼 씽킹의 기본 모델이 되는 것이다(도표 4-1).

멀리 보고 가깝게 보는 법

마지막으로, 지금까지 설명한 구조화 및 개념화와 컨셉추얼 씽킹의 기본 요소인 ① 보이지 않는 무언가를 파악하는 것 ② 가치를 판단하는 것 ③ 전체를 바라보는 것이 각기 어떤 관계가 있는지 생각해 보자.

우선 보이지 않는 무언가를 파악하려면 개념적으로 생각하는 '개념화' 과정이 반드시 필요하다. 보이지 않는 무언가를 파악하는 것은 개념적으로 파악하는 것과 같다고 생각해도 무방하다. 개념화한다는 것은 눈에 보이는 것을 '더 넓은 개념'이라는 보이지 않는 것으로 표현하는 것과 다름없기 때문이다.

한편 전체를 바라보려면 반드시 '구조화'할 수 있어야 한다. 각 요소들의 상호 관계를 발견함으로써 전체상을 명확히 그려내는 행위가 바로 구조화이기 때문이다.

여기에서 유념해야 할 것은 개념과 구조를 파악하는 과정에서 관찰하는 사람의 가치관이 개입되기 마련이라는 점이다. 예를 들어 자동차 레이싱에서 중요한 요소는 '이것이다'라는 정답은 있을 수 없으며 결국 가치관을 통해 판단해야 한다. 위에서 설명한 것처럼 컨셉추얼 씽킹의 3가지 요소는 구조화와 개념화를 토대로 한다. 다시 말해 구조화와 개념화라는 바탕 위에 3가지 요소가 놓이는 것이 컨셉추얼 씽킹 모델이라고 할 수 있다.

컨셉추얼 씽킹의 5가지 사고축

컨셉추얼 스킬의 중심에는 5가지 사고축을 바탕으로 생각을 전개하는 컨셉추얼 씽킹이 있다. 이제부터는 이 5가지 사고축에 대해 알아보자. 가장 먼저 분명히 해두고 싶은 것은 컨셉추얼 씽킹이란 '사고축을 활용하는 사고방식'이라는 점이다. 컨셉추얼 씽킹의 5가지 사고축이다.

- 추상적 × 구체적
- 주관적 × 객관적
- 직관적 × 논리적
- 전체적 × 분석적
- 장기적 × 단기적

서로 대척점을 이루는 개념을 5가지의 쌍으로 묶은 것이다. 이런 축을 바탕으로 생각한다는 것은 '축의 양끝을 오가며 사고하는 것'을 의미한다.

우선 축의 왼편, 즉 추상적인 쪽('개념적인 세계'라고 한다)을 살펴보면 추상적, 주관적, 직관적, 전체적, 장기적이라는 표현이 보인다.

추상적인 사고와 주관적인 사고는 일반적으로 바람직하지 않은 사고방식으로 여겨진다. 이에 비해 직관적인 사고에 대한 의견은 분분하다. 즉흥적인 면에서 부정적으로 생각하는 사람도 많지만 결정적 상황에서 반드시 필요한 경우도 많다. 한편 전체적이고 장기적인 관점에서 사고하는 것은 일반적으로 좋은 사고로 평가받는다. 하지만 당장 눈앞의 일부터 잘 처리해야 하는 현실적인 문제로 인해 누구라도 선뜻 행동으로 옮기기 쉽지 않다.

이 때문에 컨셉추얼 씽킹 또한 조금 미심쩍고 현실과 동떨어진 것처럼 여기는 사람들이 적지 않다. 그러나 이는 어디까지나 컨셉추얼 씽킹이 무엇인지 정확히 이해하지 못한 데서 비롯된 생각이다.

추상화만 해서는 안 된다

추상화만 해서는 안 되는 이유는 추상적인 상태에 머물러 있으면 구체적인 행동으로 옮길 수 없기 때문이다(행동하고 싶지 않아서 일부러 추상적으로 표현하는 사람들도 있다). 예를 들어 신속히 의사결정을 하기로 했다고 해보자. 너무나 추상적인 표현이기 때문에 이대로는 행동으로 옮길 수 없다. "부하직원이 올린 '불만고객 대응방안'에 대한 품의는 반드시 하루 내에 검토하자."라는 식으로 구체화해야 비로소 행동으로 옮길 수 있다.

한편 의사결정을 신속히 내려야 할 대상을 '불만고객 대응방안'에 대한 품의로 한정지어버리면 '자금 조달' 등 다른 주요한 안건을 포함하지 못하는 적용 범위의 문제가 발생한다. 따라서 한 가지 사안에 대한 구체화에만 매달려서도 안 된다. 결국 상황에 따라 어느 정도 수준으로 추상화하고 구체화하는 것이 바람직할지를 판단하는 것, 즉 결정 수준에 대한 감각이 중요하다. 예를 들어 다음과 같은 2가지 결정 수준이 있다.

① 의사결정을 신속히 내린다
② 불만고객 대응방안에 대한 의사결정을 신속히 내린다

이 중에서 어느 쪽이 더 적절할까? 바로 이 부분에서 컨셉추얼 스킬의 수준 문제가 대두된다. 컨셉추얼 스킬이 우수한 사람이라면 다른 가능성을 포함하는 ①이 더 적절하다고 생각할 것이고, 일반적인 사람이라면 ②를 선택할 것이다. 컨셉추얼 스킬이 약한 사람은 구체적으로 해야 할 일을 잘 정의할지는 몰라도 추상화는 잘하지 못한다(이런 사람들은 리더로는 적합하지 않다).

뒤에서 설명하겠지만, 컨셉추얼 스킬을 '추상화'에 국한된 것으로 이해해서는 곤란하다. 그러나 컨셉추얼 스킬을 발휘하려면 추상화 능력과 구체화 능력이 고루 필요하다. 즉 ①을 행동으로 옮길 수 있도록 구체화하는 능력도 컨셉추얼 스킬인 것이다.

추상적 사고와 구체적 사고를 넘나드는 것

'사고한다'는 것은 추상적 사고와 구체적 사고를 번갈아가면서 하는 행위를 의미한다. 예를 들어 '품의서 결재가 늦게 이뤄지는 바람에 A고객에게 신속히 대응할 수 없었고, 결국 거래가 끊기고 말았다'는 구체적인 문제가 있었다고 해보자. 리더는 결재 속도가 본질이라고 보고 '결재 속도가 늦는 것이 문제'라고 결론 내렸다. 그리고 결재 속도를 높이기 위해 '고객 불만이 제기되면 3시간 내에 처리한다'는 시간제한을 두었다.

이밖에 또 어떤 문제가 있었는지를 살펴보던 중에 직원 파견 요청 건에 대한 결재가 늦게 이뤄졌던 예전 일이 떠올랐다. 이와 같은 구체적인 문제를 추상화해 '인력 파견에 대한 의사결정이 신속히 이뤄지지 않는 문제'가 있다고 판단했다.

다른 프로젝트의 상황도 추가적으로 살펴본 결과, 마찬가지로 인력 파견에 대한 의사결정이 지체되고 있음을 알 수 있었다. 관리자는 이 모든 내용을 종합해 문제의 본질은 품의서에 대한 결재 속도가 아닌 '의사결정 속도'라고 결론 내렸다. 이처럼 구체적인 것과 추상적인 것을 번갈아가면서 생각을 정리해나가는 기술이 바로 컨셉추얼 스킬이다. 컨셉추얼 스킬은 오로지 추상적으로 생각하는 것만을 의미하지 않는다.

넘나드는 능력이 컨셉추얼 스킬이다

아래와 같은 사고능력 또한 컨셉추얼 스킬이다.

컨셉추얼 씽킹

- 주관적으로 생각한 것을 객관적으로 다시 생각해보고, 주관적 관점에서 결론 내리는 것
- 직관적으로 판단한 것을 논리적으로 다시 들여다보고, 직관적 관점에서 결론 내리는 것

또한 전체적 사고와 분석적 사고를 번갈아가면서 할 줄 아는 것이 컨셉추얼 스킬이다. 이 때문에 컨셉추얼 스킬을 이야기할 때 '사고축'이라는 개념이 빠질 수 없다. 반복되는 이야기지만, 사고축의 한쪽 끝만을 가지고 컨셉추얼 스킬이라고 할 수는 없다. 사고축 양 끝을 '넘나들며' 생각을 전개할 수 있는 능력이 컨셉추얼 스킬이다.

그리고 컨셉추얼 스킬이 우수하다는 것은 넘나드는 속도가 빠르고 각각의 관점을 균형 있게 취해 결론 내는 것을 의미한다. 컨셉추얼 스킬은 도표 4-2와 같이 정리할 수 있다. 개념의 세계와 형상의 세계를 오갈 줄 아는 능력이 바로 컨셉추얼 스킬이다.

개념은 사물의 개괄적인 내용이자 눈에 보이지 않고 추상화된 부분을 가리킨다. 전체적·추상적·주관적·직관적·장기적인 사고가 이에 해당한다. 형상은 눈에 보이고 겉으로 드러난 형상·형태·모양 등을 의미한다. 또는 감각을 통해 느낀 것이나 마음속에 떠오른 개념, 관념 등을 구체화한 결과를 뜻한다. 분석적·구체적·객관적·논리적·단기적인 사고가 이에 해당한다.

용어 설명을 덧붙이면 '개념화'는 형상의 세계에서 개념적인 세계로 넘어가는 것을 말하며 전체적으로 파악하고 추상화하고 주관

도표 4-2 컨셉추얼 스킬을 통한 사고 과정과 결과

사고축	사고 과정	결과
전체적 × 분석적	대강의 이미지로 파악한 뒤, 그 결과를 정량적(분석적)으로 설명해 이미지를 명확히 표현함	이 과정을 반복하면, 이미지 차원의 사고를 통해 결론을 낼 수 있음
추상적 × 구체적	현상을 추상적으로 사고(문제해결 및 의사결정)한 뒤, 그 결과를 여러 가지 형태로 구체화함	이 과정을 반복하면, 현상을 통해 바로 얻기 힘든 결론을 도출할 수 있음
주관적 × 객관적	자신의 가치관을 바탕으로 사고하고, 그렇게 얻은 결론이 타당한지에 대해 제삼자의 시각에서 검증하고 조정함	이 과정을 반복하면, 누구라도 공감할 수 있는 결론을 얻을 수 있음
직관적 × 논리적	직관적으로 판단해 내린 결론에 대해 논리적 근거를 구성하고, 논리적 사고를 통해 얻은 결론이 타당한지를 직관적으로 판단함	이 과정을 반복하면, 불확실성 속에서도 합리적인 결론을 얻을 수 있음
장기적 × 단기적	장기적 사고와 단기적 사고를 번갈아가면서 함	이 과정을 통해 얻은 결론을 종합해, 단기적으로든 장기적으로든 가장 적합한 결론을 낼 수 있음

을 개입시키는 행위를 가리킨다. 개념화의 반대는 '행동화'로, 개념의 세계에서 형상의 세계로 이동하는 것을 말한다. 구체화·객관화하고 논리적으로 생각하는 행위가 이에 해당한다.

5가지 사고축이 각각 의미하는 바를 큰 틀에서 살펴보자.

전체적 × 분석적 사고

첫 번째 구성요소는 컨셉추얼 씽킹의 핵심이라고 할 수 있는 '전체적×분석적' 사고축이다. 이는 현상을 대강의 이미지로 파악한 뒤 정량적(분석적)으로 설명함으로써 이미지를 명확히 표현하는 사고 방식이다. 이 과정을 반복하면, 이미지 차원의 사고를 통해 결론을 낼 수 있다.

생산성 저하 문제에 대처하는 사례를 전체적×분석적 사고축을 활용하는 예로 들어보자. 프로젝트 매니저인 당신이 '전체적으로 낭비가 심한 이유로 직원들의 기강이 해이해진 것은 아닐까'라고 생각했다고 해보자. 이는 단순한 이미지에 불과하다. 정확한 원인을 파악하기 위해 '재작업률'에 초점을 맞추고 현상을 분석해본다. 그 결과 '재작업을 자주 하는 직원들은 야근을 많이 한다'는 사실을 확인했다.

이번에는 '피로도'라는 이미지를 더해 기존에 떠올렸던 이미지를 확장해본다. '몸이 피곤해서 재작업이 늘어난 것은 아닐까?' 자세히 분석해보니 야근을 많이 하는 직원들은 피로를 느껴 재작업을 많이 하게 되고, 이 때문에 업무량이 늘어나는 악순환에 빠져 있는 것 같았다. 이러한 과정을 통해 결국 야근을 금지하기로 했다. 이것이 바로 전체적 사고와 분석적 사고를 번갈아가며 하는 모습이다. 이에 대해서는 6장에서 더욱 구체적으로 설명하겠다.

추상적 × 구체적 사고

컨셉추얼 씽킹의 두 번째 구성요소는 '추상적×구체적' 사고축이다. 이는 추상적 사고라고도 한다. 추상적인 사고는 현상을 추상적으로 사고(문제해결 및 의사결정)한 뒤, 그 결과를 여러 가지 형태로 구체화하는 사고방식이다. 이 과정을 반복하면, 현상을 통해 바로 얻기 힘든 결론을 도출할 수 있다. 추상적×구체적 사고축을 활용해 문제를 인식하는 사례를 살펴보자.

예를 들어 '영업부에서 고객 A를 담당하는 직원 a는 의욕이 없다'는 구체적인 문제를 발견했다고 해보자. 이때 직원 a에만 초점을 맞춰 생각한다면 본질을 놓친 것이다. 문제를 추상화해보면 '영업부 직원들의 사기가 낮다'는 생각에 이르게 된다. 그리고 이번에는 다른 직원들의 태도를 구체적으로 살펴본 결과 '고객 B를 담당하는 직원 b는 의욕적인 반면, 고객 C를 담당하는 직원 c는 의욕이 없다'라는 사실을 알게 되었다. 좀더 살펴보니 '고객 A와 C 사이에는 서비스업 종사자라는 공통점이 있고, 서비스업을 담당하는 영업사원들의 사기가 공통적으로 낮다'는 점도 파악할 수 있게 되었다.

이와 같이 생각해보면 '서비스업을 담당하는 직원 d, e, f도 마찬가지'다. 이에 따라 서비스업을 담당하는 영업사원들의 사기가 낮다는 결론을 도출하고 해결방법을 강구했다. 이것이 바로 추상적 사고와 구체적 사고를 번갈아가며 하는 모습이다. 이에 대해서는 7장에서 더욱 구체적으로 설명하겠다.

주관적 × 객관적 사고

컨셉추얼 씽킹의 세 번째 구성요소는 '주관적×객관적' 사고축이다. 이는 자신의 가치관을 바탕으로 사고하고, 그렇게 얻은 결론이 타당한지에 대해서 제삼자의 시각에서 검증하고 조정하는 사고방식이다. 이 과정을 반복하면 누구라도 공감할 수 있는 결론을 얻을 수 있다. 판매 가격을 협상하는 상황을 주관적×객관적 사고축을 활용하는 예로 들어보겠다.

영업 담당자인 당신은 고객 A에게 1,000만 원짜리 제품을 팔고자 했지만 고객은 예산이 부족하니 30% 할인해달라고 부탁했다고 가정해보자. 이는 객관적인 사실이다. 여기서 당신의 주관적 판단이 개입된다. 예를 들어 '30% 할인해준다고 해서 손해 보는 것도 아니고 앞으로도 계속 거래를 해야 하니 부탁을 들어주자'고 생각했다고 해보자. 그러고 나서 다시 한번 객관적으로, 가령 자신이 상사였다면 어떻게 판단할지 생각했다. '상사인 A부장이었다면 내년에 구매 담당자가 변경될지도 모르니 연단위로 협상하자고 했을 것'이라고 생각했다. 이와 같은 사고과정을 통해 당신은 '고객 A에게 내년도 예산으로 올해에 저렴한 가격으로 한 개 더 구입하도록 제안하자'고 마음먹고 실행에 옮겼다.

이것이 바로 주관적 사고와 객관적 사고를 번갈아가며 하는 모습이다. 이에 대해서는 8장에서 더욱 구체적으로 설명하겠다.

직관적 × 논리적 사고

컨셉추얼 씽킹의 네 번째 구성요소는 '직관적×논리적' 사고축이다. 이는 직관적으로 판단해 내린 결론에 대해 논리적 근거를 구성하고, 논리적 사고를 통해 얻은 결론이 타당한지를 직관적으로 판단하는 사고방식이다. 이 과정을 반복하면 불확실성 속에서도 합리적인 결론을 얻을 수 있다. 직관적×논리적 사고축을 활용해 업무 진척이 더딘 상황에 대한 대처방법을 찾는 과정을 예로 들어보자.

고객대응 수준이 형편없는 데다 느리기까지 한 상황이 벌어졌다고 해보자. 그리고 이에 대해 '그냥 내버려둬도 괜찮겠지'라고 판단했다고 해보자. 여기까지는 단순한 감에 지나지 않으므로 그렇게 판단하게 된 논리적 근거를 살펴볼 필요가 있다. 예를 들어 납기가 제때 이루어지지 않으면 신규 상품의 판매가 늦어진다. 신규 상품의 판매가 늦어지면 거의 비슷한 시기에 판매되는 경쟁사 제품으로 인해 시장점유율을 잃고 만다. 따라서 '고객대응이 늦지 않도록 해야 한다'는 논리적 사고가 뒤따라야 한다. 이런 논리에 대해 직관적으로 평가함으로써 '대응이 늦은 데 대한 책임을 추궁당할 가능성이 있다'는 결론을 얻은 후, 만약 그렇다면 어떤 논리로 추궁당할 가능성이 있는지 예상해본다. 그 결과 '어떻게 대응해야 할지 모르는 것이 문제'라고 지적받을 수 있다고 결론 내린 뒤, 다시는 이런 일이 벌어지지 않도록 조치를 취하기로 했다. 이것이 바로 직관적 사고와 논리적 사고를 번갈아가며 하는 모습이다. 이에 대해서는 9장에서 더욱 구체적으로 설명하겠다.

장기적 × 단기적 사고

컨셉추얼 씽킹의 다섯 번째 구성요소는 '장기적×단기적' 사고축이다. 이는 장기적 관점의 사고와 단기적 관점의 사고를 번갈아가면서 하고 이 과정을 통해 얻은 결론을 종합하는 사고방식이다. 이를 통해 단기적으로든 장기적으로든 가장 적합한 결론을 내릴 수 있다. 인력을 어떻게 활용하는 것이 좋을지 판단해야 하는 상황을 통해 좀더 구체적으로 살펴보자.

프로젝트가 좀처럼 진척을 보이지 못하자 'A에게 맡겨서는 도저히 납기에 맞출 수 없다'고 판단했다. 이는 단기적 판단이다. 장기적으로는 'A의 실력이 늘지 않는 한 항상 이런 상황을 겪게 될 테니 프로젝트를 지원하는 업무만 맡기는 것이 낫지 않을까'라고 생각한다. 여기서의 관건은 A에게 지원 업무만 맡길 경우, 상황이 지금보다 얼마나 더 개선될 수 있을지다. 단기적으로는 'A의 실력 향상에는 큰 도움이 안 되더라도 납기 준수는 매우 중요하기 때문에 지원하는 일만 맡기는 것이 낫다'고 생각할 수 있다. 물론 장기적으로는 A가 성장하려면 실패도 경험해보고 막중한 책임도 짊어져봐야 하며, 이렇게 하려면 결국 '납기를 연장할 수밖에 없다'고 판단할 수도 있다. 이와 같은 딜레마 속에서 결국에는 장기적인 관점을 우선시해 'A를 육성하는 데 비중을 두자. A를 어떻게든 지원해서 치열한 프로젝트 현장에서 성공을 체험할 수 있는 기회를 제공하자'라고 판단한다. 이것이 바로 장기적 사고와 단기적 사고를 번갈아가며 하는 모습이다. 이에 대해서는 10장에서 더욱 구체적으로 설명하겠다.

본질은 현상에서 벗어나게 해준다

컨셉추얼 씽킹 모델에 대한 설명을 위해 한 가지 더 언급할 것이 있다. 바로 본질에 대한 이야기다. 보통 우리는 '본질'이라는 단어에 대해 막연하지만 익숙하게 여긴다. 우선 본질이 왜 중요한지에 대해서부터 생각해보자. 본질이란 복잡한 환경에도 사물과 현상이 가진 고유의 성질이나 모습이라고 규정할 수 있다. 최근 많은 사람들이 본질에 대해 관심을 갖기 시작한 이유는, 날이 갈수록 복잡도가 증가하는 경영환경과 업무환경 속에서 부차적인 것에 휘둘리지 않고 생산성을 끌어올리고자 하는 욕구가 커지고 있기 때문일 것이다. 우리는 본질을 꿰뚫어봄으로써 다음과 같은 혜택을 얻을 수 있다.

- 콘셉트를 구상하고 확장할 때 본질에서 벗어나지 않을 수 있고
- 계획을 수립할 때 본질적 중요성을 바탕으로 우선순위를 결정할 수 있으며
- 문제를 발견하고 해결할 때 눈앞의 현상에 얽매이지 않을 수 있다

이와 같은 내용을 염두에 두고 본질에 대해 좀더 자세히 들여다 보자.

빠른 속도는 우승의 본질이다

먼저, 본질이란 무엇인지 명확히 해두자. 사전적 의미로 본질은 다음과 같이 정의된다.

- 본래의 성질, 근본 성질 및 상태
- 현상과 사물이 존재할 수 있게 하는 특유의 성질 및 요소
- 현상과 원인의 이면에 감춰진 근본적 원인

즉 문제의 본질은 '해당 문제를 일으키는 진짜 원인'이며 실행과제의 본질은 '목적을 달성하는 데 필수불가결한 요소'를 의미한다. 그렇다면 자동차 레이싱에서 우승하기 위한 본질은 무엇일까.

닛산자동차에서 자동차 엔지니어였던 미즈노 가즈토시는 카를로스 곤 사장이 발탁하고, 슈퍼카인 GT-R 개발을 총괄한 인물로 잘 알려져 있지만, 젊은 시절에는 자동차 레이싱 팀의 감독으로도 활약했다. 자동차 레이싱에서 우승하기 위해서는 차체를 경량화하고 엔진의 출력을 최대한 높이는 것이 정석이지만, 미즈노는 완전히 다른 관점에서 바라보았다. 일본의 대표적인 서킷인 후지 스피드웨이의

경우 최고 속도와 최고 출력으로 달릴 수 있는 거리는 전체 코스의 18%밖에 되지 않는다는 점을 발견하고, 나머지 82%를 얼마나 빠른 속도로 달릴 수 있느냐가 우승하기 위한 본질이라고 판단했다. 이처럼 본질은 '목적을 달성하기 위해 없어서는 안 되는 요소'다.

본질을 간파하는 3가지 방법

본질을 꿰뚫어보려면 어떻게 해야 할까? 여기에서는 아래와 같이 3가지 방법을 소개한다.

> ① 개념적으로 파악하기
> ② 구조적으로 파악하기
> ③ 직관적으로 파악하기

① 개념적으로 파악하기는 'Why(왜)'라는 질문을 던지면서 원인을 파헤쳐나감으로써 개념을 분석하는 방법이다. 대표적인 기법으로 래더링,* 왜-왜 분석(Know-Why 분석)이 있다. ② 구조적으로 파악하기는, 'What(무엇)'이라는 관점에서 구조를 분석하는 방법이다. 대표적인 기법으로 인과 루프 다이어그램Casual Loop Diagram과 상관관

---

* Laddering. 어떤 제품이나 브랜드가 가지고 있는 속성, 혜택, 가치 등이 계층적으로 어떻게 연결되어 있는지를 찾아내는 방법.

계 다이어그램 등이 있다. ③ 직관적으로 파악하기는 직관적으로 감지한 본질이 타당한 것인지를 확인하는 방법으로, 가설검증이 대표적인 기법이다.

컨셉추얼 씽킹의 사고축을 기준으로 보면 ①은 '추상적×구체적' 사고축과 ②는 '전체적×분석적' 사고축과 ③은 '직관적×논리적' 사고축과 관련이 있다. 따라서 위에서 설명한 기법을 적용할 때는 각각의 사고축을 의식하면 좋다. 그렇다면 각각의 방법에 대해 예를 들어 설명해보자.

'왜'가 반복되면 본질이 잡힌다

'왜Why'를 반복함으로써 본질을 파악하는 방법에 대해 생각해보자. 이 기법은 도요타의 '5와이Why' 분석과 왜-왜 분석 등으로 잘 알려져 있으며 널리 알려진 기법이다. 여기서는 '문제를 해결하고 과제를 설정하기' 위해 본질을 파악하는 과정을 예로 들어보겠다.

도표 4-3을 보자. 신제품 개발 프로젝트의 진척현황 보고회에서 부장인 당신이 과장에게 계획대로 진행되지 않은 이유가 무엇인지 묻고 있다. '왜'의 관점에서 살펴보자. 당신은 먼저 계획대로 진행되지 않은 이유를 물었고 과장은 '고객이 요청했기 때문'이라고 답했다. 한 번 더 '왜'라고 물은 결과 다음의 2가지 답이 돌아왔다.

도표 4-3 '왜'를 통한 본질 파악(문제해결)

신제품 개발 프로젝트의 진척현황 보고회에서 부장인 당신은
과장에게 계획대로 진행되지 않은 이유가 무엇인지 물었다.

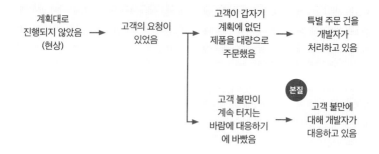

① 고객이 갑자기 계획에 없던 제품을 대량으로 주문했다

② 고객 불만이 계속 터지는 바람에 대응하기에 바빴다

여기에 ①과 ②를 제품개발자가 처리하고 있다는 점도 확인했다.
특별 주문 건을 처리하는 데 개발자가 관여해야 하는지에 대해서는
의견이 분분할 수 있지만, 고객 불만에 대응하는 것은 기본적으로
개발자의 역할이 아니다. 따라서 ②가 '계획대로 진행되지 않은' 현
상의 본질적인 원인이라고 할 수 있다.

다음으로 도표 4-4를 보자. 신제품 개발 프로젝트의 기획회의에
서 과장이 부장인 당신에게, 스마트폰의 제조원가를 20% 줄일 수

도표 4-4 '왜'를 통한 본질 파악(과제설정)

신제품 개발 프로젝트의 기획회의에서 과장은 부장인 당신에게
스마트폰 제조원가를 20% 줄일 수 있도록 도와달라는 요청을 받았다.

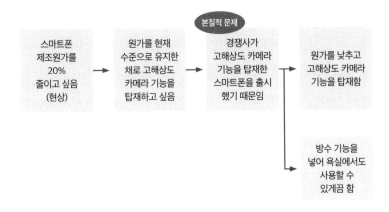

있도록 도와달라고 요청했다고 하자. 즉 '스마트폰의 제조원가를
20% 줄이고 싶다'는 과제(현상)를 제시한 것이다. 여기서부터 '왜'
라는 관점에서 들여다보자. 제조원가를 낮추려고 하는 이유는 원가
는 현재 수준으로 유지하되 고해상도 카메라를 탑재하고 싶기 때문
이며, 고해상도 카메라 기능을 탑재하고 싶은 이유는 경쟁사가 그런
제품을 출시했기 때문이라는 점을 확인했다. 결국 경쟁에서 밀리고
싶지 않은 것이 본질적 과제인 것이다. 이에 도표 4-4와 같이, 과제
해결을 위한 구체적인 방법으로서 '원가를 낮추고 고해상도 카메라
기능을 탑재하는 것'이나 '방수 기능을 넣어 욕실에서도 사용할 수
있게끔 하는 것' 등을 생각해볼 수 있다. 이 중에서 가장 적절한 방

법을 찾으면 될 것이다.

이와 같이 '왜'를 통해 본질적인 문제와 과제를 발견하는 단순한 방법은, 사용하기는 쉬워 보여도 제대로 된 답을 얻기는 의외로 어려운 것이 사실이다. 이는 '왜'라는 질문에 적절하게 답하지 못하기 때문에 생기는 문제다. 특히 과제를 설정할 때 그런 경향이 있다. 예를 들어 '현재의 원가 수준을 유지한 채로 고해상도 카메라 기능을 넣고 싶다'고 생각한 이유가 '경쟁사가 해당 기능을 탑재한 제품을 출시했기 때문'이라고 하지만, 이것 대신에 '사용자가 고해상도 카메라 기능을 원하기 때문'이라는 이유를 들어도 이상하지 않다. 이렇게 과제를 설정하면 해결책은 '어떤 수준의 고해상도 카메라를 탑재할 것인가?'로 한정되기 때문에 논의의 방향이 이상한 쪽으로 흘러갈 가능성이 있다. 이를 방지하려면 다음과 같이 양쪽 측면에서 생각해볼 필요가 있다.

- **결론 ⇒ 왜냐하면 ⇒ 근거를 납득할 수 있는지**
- **근거 ⇒ 따라서 ⇒ 결론을 납득할 수 있는지**

예를 들어 일이 계획대로 진행되지 않는 이유가 무엇인지 물었고, 그 결과 다음과 같은 3가지 이유 때문이라는 대답이 돌아왔다고 해보자.

① 일손이 부족해서

② 예상하지 못했던 고객 요청이 계속해서 들어오는 바람에

③ 개발업무를 늦게 착수하는 바람에

전부 그럴듯해 보이는 이유지만, '근거와 결론'의 순서를 거꾸로 따져봐도 납득할 수 있는지를 살펴봐야 한다. 이 기준으로 보면 납득할 수 있는 것은 세 번째 이유뿐이다. 여기서 반드시 주의해야 하는 것은 납득하는 과정에 어느 정도 주관이 개입된다는 사실이다. 세미나를 진행하다 보면 ②도 타당한 이유가 될 수 있다고 이야기하는 사람들이 꽤 있다.

이와 같이 본질을 개념적으로 파악하는 과정에서는 컨셉추얼 씽킹의 '추상적×구체적' 사고축이 중심이 된다.

관계로 본질 파악하기

이제 본질을 구조적으로 파악하는 방법에 대해 생각해보자. 이는 서로 관련 있는 요소 사이에 어떤 관계가 있는지 확인한 뒤 그 관계를 통해 본질이 무엇인지 파악하는 방법이다. 본론에 들어가기에 앞서 인과관계와 상관관계의 정의를 되짚어보자.

- 인과관계: 2가지 현상 사이에 원인과 결과의 관계가 있는 것
- 상관관계: 2가지 현상 사이에 원인과 결과가 아닌 다른 관계가 있는 것

도표 4-5 인과관계와 상관관계

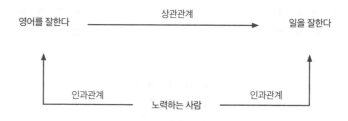

상관관계: 2가지 현상 사이에 원인과 결과가 아닌 다른 관계가 있는 것

인과관계: 2가지 현상 사이에 원인과 결과의 관계가 있는 것

우선 도표 4-5를 통해 상관관계에 대해 좀더 자세히 살펴보자. '영어를 잘하는 사람이 일도 잘한다'라는 현상이 있다고 해보자. 이 2가지 현상 사이에는 사실 인과관계가 아닌 상관관계가 성립한다. 인과관계가 성립되도록 하려면 '노력하는 사람'이라는 요소를 원인 자리에 넣으면 된다. 즉 '노력하는 사람은 영어를 잘한다', '노력하는 사람은 일을 잘한다'라는 원인-결과(인과) 관계가 만들어지는 것이다.

이와 같은 관계를 이용해 현상을 구조화하고 본질을 파악하려면 어떻게 해야 할까? 도표 4-6을 살펴보자. 파나소닉이 제작한 '홈베이커리'라는 제빵기는 2012년 기준으로 400만 대 넘게 생산됐다. 이런 결과를 낳은 본질적 요인은 무엇일까. 도표 4-6과 같은 관련 요

도표 4-6 상관관계를 통해 본질 파악하기

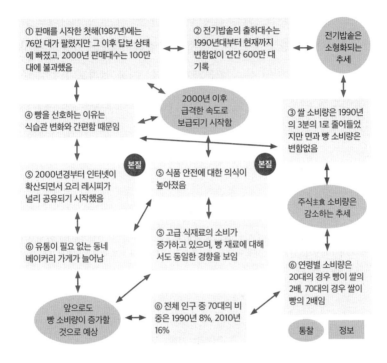

파나소닉이 제작한 제빵기 '홈베이커리'는 2012년 기준으로
400만 대 넘게 생산됐다(현상). 본질적 요인은 무엇인가?

① 판매를 시작한 첫해(1987년)에는 76만 대가 팔렸지만 그 이후 답보 상태에 빠졌고, 2000년 판매대수는 100만 대에 불과했음

② 전기밥솥의 출하대수는 1990년대부터 현재까지 변함없이 연간 600만 대 기록

전기밥솥은 소형화되는 추세

2000년 이후 급격한 속도로 보급되기 시작함

④ 빵을 선호하는 이유는 식습관 변화와 간편함 때문임

③ 쌀 소비량은 1990년의 3분의 1로 줄어들었지만 면과 빵 소비량은 변함없음

⑤ 2000년경부터 인터넷이 확산되면서 요리 레시피가 널리 공유되기 시작했음

본질

⑤ 식품 안전에 대한 의식이 높아졌음

본질

주식主食 소비량은 감소하는 추세

⑥ 유통이 필요 없는 동네 베이커리 가게가 늘어남

⑤ 고급 식재료의 소비가 증가하고 있으며, 빵 재료에 대해서도 동일한 경향을 보임

⑥ 연령별 소비량은 20대의 경우 빵이 쌀의 2배, 70대의 경우 쌀이 빵의 2배임

앞으로도 빵 소비량이 증가할 것으로 예상

⑥ 전체 인구 중 70대의 비중은 1990년 8%, 2010년 16%

통찰   정보

소들이 있다고 해보자. 사각형은 '정보'이고 타원은 정보를 통해 '통찰'한 결과다. 각 요소 사이에는 인과관계도 있지만 전체적으로는 상관관계가 성립한다. 이와 같은 관계 분석을 통해 '2000년경부터 인터넷 요리 레시피가 널리 공유되기 시작한 점'이라든지 '식품 안전에 대한 의식이 높아진 점' 등이 본질적 요인이 아닐까 하고 추측

해볼 수 있다.

이제 인과관계에 대해 살펴보자. 다음과 같은 상황을 가정해보자. '매출 목표를 아직 달성하지 못해 특판 이벤트를 열었다. 매출이 일시적으로 오르기는 했으나 행사가 끝나자마자 다시 제자리로 돌아오는 바람에 결국 목표를 달성하지 못했다.' 매출 목표를 달성하기 위한 방법에 어떤 본질적 문제가 있었는지를 살펴보기 위해 주로 시스템 사고 시에 사용하는 인과 루프 다이어그램으로 표현해보자. 변수를 사용해 인과관계를 나타냈다. 변수로는 '특판 이벤트',

도표 4-7 인과관계를 통해 본질 파악하기

매출 목표를 아직 달성하지 못해 특판 이벤트를 열었다. 매출이 일시적으로 오르기는 했지만 행사가 끝나자마자 제자리걸음을 하는 바람에 결국 목표를 달성하지 못했다. 매출 목표를 달성하기 위한 방법에 어떠한 본질적 문제가 있었을까.

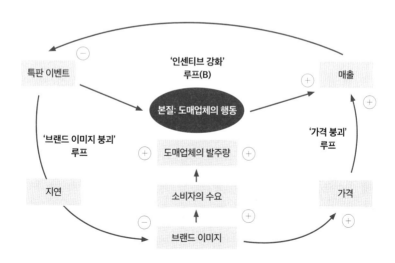

컨셉추얼 씽킹

'매출', '브랜드 이미지' 등이 있다. 변수가 서로 같은 방향으로 움직이는 경우는 +로 표시하고 반대로 움직이는 경우는 −로 표시했다. 이렇게 도표 4-7을 그린 후 자세히 살펴보면, 거의 모든 변수(요소)에 영향을 미치는 '도매업체의 발주량'에 본질이 있음을 알 수 있다. 물론 이는 주관적인 견해다. 이와 같이 본질을 구조적으로 파악하는 과정에서는 컨셉추얼 씽킹의 '전체적×분석적', '추상적×구체적' 사고축이 중심이 된다.

직관에서 시작하라

세 번째는 '직관적으로 파악하기'다. 이는 본질을 직관적으로 파악하고 가설을 수립한 뒤 논리적으로 검증하는, 이른바 '가설적 사고'를 통해 본질을 파악하는 방법이다.

도표 4-8을 살펴보자. 'SI 업체인 S사가 프로젝트 관리기법을 도입함으로써 발주액이 100억 원 이하인 프로젝트에서는 수익이 큰 폭으로 개선됐지만, 100억 원을 초과하는 대규모 프로젝트에서는 적자인 경우가 많다'는 경우에 대해, 본질적인 문제가 무엇인지를 파악하는 사례다. 먼저 직관적으로 '계획이 제대로 수립되지 않은 것'이 본질적인 문제가 아닐까 하고 생각한다. 이와 같은 가설을 검증한 결과, '계획은 있으나 실행이 제대로 이뤄지지 않고 있다'는 사실을 새롭게 알게 됐다.

도표 4-8 가설검증을 반복하다

[현상] SI벤더 S사에서는 프로젝트 매니저를 투입하는 것으로 100억 원 이하의 제안에서는 수익이 큰 폭으로 개선되었다. 하지만 100억 원을 넘는 대규모 프로젝트에서는 적자가 발생하는 경우가 눈에 띈다. 문제의 본질은 무엇인가?

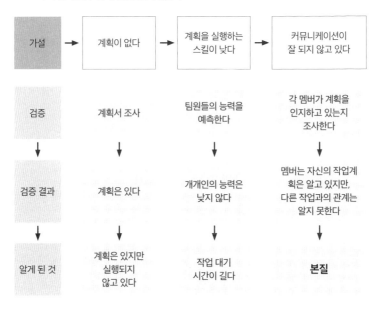

이에 따라 본질적 문제에 대한 가설을 '계획을 이행할 역량이 부족하다'는 것으로 수정했다. 그리고 가설을 검증하기 위해 '프로젝트 구성원의 업무 역량을 측정'해보기로 했다. 측정 결과 '개개인의 역량은 나쁘지 않으나, 할일 없이 앉아 있을 때가 많다'는 사실을 확인할 수 있었다.

이를 통해 '구성원 간에 커뮤니케이션이 원활하게 이뤄지지 않는 것'이 문제의 본질일 수 있다는 가설을 수립했다. 그리고 '각 구성원

컨셉추얼 씽킹

이 계획한 내용을 제대로 인지하고 있는지'를 조사해 가설을 검증한 결과 '구성원들은 자신이 작업해야 할 내용에 대해서는 잘 알고 있어도 그것이 다른 사람의 계획과 어떻게 맞물리는지 잘 알지 못한다'는 사실을 확인하고, 이것이 바로 문제의 본질이라고 결론 내렸다. 이처럼 직관적으로 본질을 파악하는 것도 경우에 따라 효과가 있다. 여기에서는 컨셉추얼 씽킹의 '직관적×논리적' 사고축이 중심이 된다.

본질은 모든 것의 원인이자 답이다

마지막으로 본질을 어떤 상황에서 활용해야 성과를 낼 수 있을지 생각해보자.

첫째, 목표를 설정하는 상황이다. 그렉 맥커운Greg Mckeown이 쓴 《에센셜리즘: 본질에 집중하는 힘》의 내용 중에 '본질 목표'라는 단어가 등장한다. 목표를 설정할 때 본질을 파악한다는 것은 불필요한 일을 하지 않는다는 의미에서 매우 중요하다. 일이든 프로젝트든 본격적으로 착수하기 전에 반드시 본질적인 목표를 세울 필요가 있다.

둘째, 요구사항을 파악하는 상황이다. 일은 누군가의 의뢰를 받아 진행하게 된다. 다만 의뢰받은 내용 그 자체는 어디까지나 표면적인 것에 불과할 뿐 본질은 다른 곳에 있는 경우가 적지 않다. 이런 경우에는 요구의 본질이 무엇인지 제대로 파악하지 않으면 부탁한 사람의 기대에 제대로 부응할 수 없다.

기대에 부응하려면 의뢰한 사람이 왜 이런 부탁을 했는지 철저히 파악해야 한다. 의뢰 받은 내용이 그 자체로 본질에 해당한다면 몰라도, 그렇지 않다면 본질이 무엇인지 나름대로 판단한 후 의뢰한 사람에게 역으로 제안하는 것도 바람직하다.

셋째, 문제를 해결하는 상황이다. 문제발생 시 반드시 주의해야 하는 것은 발생한 문제가 단순한 현상에 지나지 않는지 아니면 본질적인 문제 그 자체인지를 정확히 파악하는 일이다. 단순한 현상일 뿐이라면 아무리 해결해봤자 또 다른 형태의 문제가 재발할 수 있는 만큼 본질적인 문제가 무엇인지 끝까지 추적해서 해결할 필요가 있다. 그러려면 도요타의 문제해결 방식처럼 '왜'라는 질문을 계속 던져 문제가 발생한 진짜 원인이 무엇인지를 알아내야 한다.

CONCEP
TUAL
THINKING

PART 5

'먹히는 콘셉트'를
설계하는 법

대부분의 문제는 그렇게 복잡하지 않다.

해야 하는 일의 본질이 무엇인지 결정한 뒤 본질에 도움이 되는 일을 우선시하면 된다.

즉 본질을 실현하는 데 도움이 되는 부분만 우선 고려하고 나머지는 버리면 되는 것이다.

참신한 아이디어를 떠올리지 못하는 이유

혁신이 요구되는 오늘날 아이디어 구상은 가장 필요한 활동이다. 본론에 들어가기 전에 참신한 아이디어를 떠올리기란 왜 늘 어렵게만 느껴지는지 생각해보자. 그것은 바로 우리가 논리성과 객관성에 지나치게 얽매여 있기 때문이다. 이를테면 다음과 같은 이유들이다.

- 모두가 고개를 끄덕일 만한 아이디어를 찾고
- 논리적으로 타당한 답을 구하려 하며
- 기존 아이디어를 바탕으로 생각하려 하기 때문이다

이런 생각에 속박되어 있는 이상 참신한 아이디어가 머릿속에 떠오를 리가 없다. 물론 논리성과 객관성이 불필요하다는 뜻은 아니다. 예를 들어 논리적으로 생각했을 때 시장성이 전혀 없는 제품을 직관만 가지고 개발한다면 반드시 실패하리라는 것은 불을 보듯 뻔하다. 이렇게 해서 과거에 따끔한 맛을 본 사람도 적지 않을 것이다. 자신에게 필요해서 개발했다고 하더라도 남들에게 필요 없는 제품이라면 팔 수 없다. 자신에게 필요하다는 이유로 또는 직관만 가지고 개발한 제품은 어쩌다 소비자들의 입맛에 맞으면 대박이 나겠지만, 냉정히 생각해보면 실패 확률이 다른 제품보다 높을 수밖에 없다(도표 5-1).

도표 5-1 완전히 새로운 아이디어 떠올리기

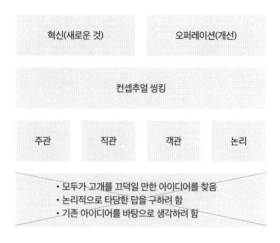

직관과 주관의 중심에 서라

고기가 없는 곳에서 낚시를 하면 대어는 말할 것도 없고 피라미조차 낚을 수 없다. 대어를 잡으려면 우선 고기가 많이 모일 만한 장소를 찾아야 한다. 이것이 논리성과 객관성의 역할이다.

문제는 여기서부터다. 어떤 미끼를 사용해야 하고 수심이 어느 정도인 곳에서 낚싯대를 던질지 등은 논리적으로 생각하더라도 사람마다 결과가 다르기 마련이다. 이때 필요한 것이 직관과 주관이다. 즉 논리적이고 객관적으로 생각하면서도, 직관적이고 주관적 시각으로도 판단할 수 있는 컨셉추얼 씽킹 능력이 필요하다. 여기서는 새로운 아이디어를 떠올리는 행위를 '혁신'이라고 하고 기존 방식대로 하는 것을 '오퍼레이션'이라고 부르기로 하자. 혁신하고자 할 때는 '주관적·직관적'으로 사고하고, 오퍼레이션을 할 때는 '객관적·논리적'으로 사고하는 경우가 많다. 그렇다고 해서 무엇인가에 대해 판단할 때 혁신과 오퍼레이션 중에 한 가지 방식을 선택해야 한다고 생각하는 것은 난센스다.

스티브 잡스의 컨셉추얼 씽킹

하나의 예로 스마트폰을 생각해보자. 사용자가 무엇을 원하는지, 그리고 그중에서 기술적으로 구현 가능한 것은 무엇인지에 대해 객관적으로만 분석한다면 매력적인 제품을 내놓기 어렵다. 스티브 잡스는 아이폰을 처음 소개하는 자리에서 '전화를 다시 발명했다'고 이야기했는데 이 부분은 객관적이자 논리적이다. 휴대전화 시장은 이미 존재하며, 이와 같은 사실을 바탕으로 주관과 직관을 통해 '꺼지지 않는 컴퓨터'로서 완전히 새로운 휴대전화를 구상하고 혁신을 추구한 것이다. 즉 스티브 잡스는 컨셉추얼 씽킹을 했다고 말할 수 있다.

스티브 잡스가 직관과 주관에만 집착하지 않았다는 점은 분명하다. 애플의 제품개발 과정이 흥미로운 이유는, 엔지니어들은 매우 우수한 사람들이지만 일하는 방식은 객관적이고 논리적이기 때문이다. 여기에 스티브 잡스의 주관과 직관을 통해 도출된 아이디어가 투입되는 것이다. 잡스가 요구하는 바를 엔지니어들은 객관적이고 논리적인 사고를 기반으로 설계에 반영한다.

그러면 잡스는 다시 직관과 주관을 바탕으로 설계상 부족한 점을 발견하고 추가 반영하도록 요구한다. 즉 팀 차원에서 컨셉추얼 씽킹을 했던 것이다.

주관과 직관이 혁신을 낳는다

이와 같은 과정을 통해 오퍼레이션 영역(객관·논리)과 혁신 영역(주관·직관)을 넘나들며 제품의 사양을 최종 결정한다. 이는 곧 컨셉추얼한 제품개발 프로세스라고 할 수 있다.

애플 이야기의 핵심은 이 회사의 엔지니어들이 우수하다는 사실에 있다. 잡스가 아무리 주관과 직관을 동원해서 새로운 것을 요구한다고 하더라도, 이를 기술적으로 구현해낼 수 있는 엔지니어들이 없었다면 결코 아이폰 같은 혁신적인 제품을 내놓을 수 없었을 것이다. 즉 그들이 평범한 사람들이었다면 스티브 잡스와 캐치볼을 멋지게 해낼 수 없었을 것이다. 그들은 단지 객관과 논리의 세계에서 기술을 구현하는 데만 전력투구했을 것이 뻔하다. 그 결과 다른 회사들은 스마트폰 비슷한 전화는 만들 수 있었어도 '아이폰'은 만들지 못했을 것이다. 반대로 말하면, 스티브 잡스 밑에서 일할 수 있는 수준의 실력을 갖춘 엔지니어들은 있었을지 몰라도 스티브 잡스 같은 리더가 존재하지 않는 것이 대다수 기업들이 처한 문제일지도 모른다.

어쨌거나 이와 같이 주관과 객관, 직관과 논리가 서로 결합할 때 비로소 혁신이 이루어질 수 있다. 혁신의 이러한 속성을 이해하지 못하는 조직에서는 결코 혁신이 탄생할 수 없다는 사실을 반드시 염두에 두어야 한다.

모든 체험이 경험이 되는 것은 아니다

우리는 '경험'을 매우 중요하게 생각한다. 그런데 경험과 유사한 단어로 '체험'이 있다. 두 단어의 차이는 무엇일까? 체험은 자신이 직접 겪은 일을 의미한다. 반면 경험은 자신뿐만 아니라 남들이 체험한 내용을 자기 나름대로 소화한 결과를 뜻한다. 체험하지 않더라도 실제로 보거나 들은 내용을 바탕으로 무엇인가를 스스로 느꼈다면 그것은 자신의 경험이 된다.

거꾸로 이야기하면, 아무리 여러 가지를 체험한다고 해도 자기 것으로 만들지 못하면 경험을 쌓았다고 할 수 없다. 여기서 반드시 주의해야 할 것은, 동일한 체험을 여러 번 반복하면 그 과정에서 일어난 일이나 자신이 했던 일이 마치 전부인 것처럼 받아들이기 쉽다는 사실이다.

체험은 반추가 필요하다

일반적으로 회사의 수명은 30년 정도라고 알려져 있는데, 이는 곧
어떤 사업이라도 30년이 흐르면 성격이 변하거나 소멸하고 만다는
의미다. 즉 정년을 65세로 가정한다면, 일반적인 직장인은 자신의
전문분야를 한두 번쯤 바꿔야 한다. 이렇게 하려면 자신이 그 동안
체험한 바에만 전적으로 의존해서는 안 되며, 체험한 바를 자신만의
경험으로 변환할 수 있어야 한다. 체험이 아닌 경험이 되도록 하려
면, 다음과 같은 반추Reflection하는 행위가 동반되어야 한다. 이는 컨
셉추얼 씽킹을 통해 할 수 있다.

- 했던 일 / 일어난 일의 의미를 이해하고
- 했던 일 / 일어난 일의 가치를 이해해야 한다

경험은 노하우를 추상화하는 것이다

당신은 기술자이고 기계설계 노하우를 보유하고 있다고 가정해보
자. 세월이 흘러 기계도 소프트웨어로 설계하지 않으면 안 되는 시
대가 되었다. 당신은 변화에 적응하기 위해 자신의 노하우를 추상화
(경험화)한다. 예를 들어 '부품의 기능을 명확히 설정하면 심플한 제
품을 개발하는 데 도움이 된다'는 경험치를 보유하고 있다고 해보

자. 그러면 소프트웨어를 설계할 때 '(보이지 않는) 부품을 분명히 정의하고 기능을 명확히 설정하면, 구조가 심플한 소프트웨어를 개발할 수 있다'는 깨달음을 얻을 수 있다. 물론 소프트웨어와 관련한 공부도 필요하지만 소프트웨어에 관한 이해도를 어느 정도 높이고 나면 기존에 보유하고 있던 기계설계 노하우를 활용할 수 있다. 경험을 활용한다는 것은 바로 이러한 모습을 가리킨다.

좀더 추상화해보자. '구성요소의 역할을 명확히 정의하면 시스템을 더욱 심플하게 만들 수 있다'는 깨달음으로 확장할 수 있고, 그러면 기계설계에서 쌓은 노하우를 관리 업무에도 응용할 수 있다. 예를 들어 프로젝트를 관리해야 할 경우, 이러한 깨달음을 통해 '멤버 한 사람 한 사람의 역할을 명확히 하면 각자 자립적으로 활동할 수 있는 프로젝트로 만들어나간다'는 아이디어를 얻을 수 있다.

이 경우에도 프로젝트 관리에 관한 기본지식을 습득할 필요가 있다. 하지만 기본지식만 익힌다면 베테랑이 될 수 없다. 이처럼 과거에 경험한 바를 처음 하는 일이나 앞으로 하게 될 일에 응용할 수 있어야 한다.

경험은 새로운 일의 또 다른 동력이다

흔히 새로운 것을 시도할 때 과거의 경험이 오히려 발목을 잡는다는 식의 말은 잘못된 것이다. 경험이 방해가 되는 까닭은 무엇일까?

대부분 새로운 생각과 방식을 부정하는 것으로, 그 이유는 오로지 체험만 하고 경험은 하지 못하기 때문이다. 예를 들어 지금까지 대면 판매를 하던 화장품을 인터넷으로 유통하게 됐다고 가정해보자. 대면 판매는 고객이 실제로 화장품의 피부 감촉을 느껴보고 향기를 맡아볼 수 있는 기회를 제공하는데, 이런 '체험'이 편향될 경우에는 인터넷을 통해 화장품을 판다는 것이 말도 안 되는 이야기로 여겨지기 쉽다. 그러나 대면 판매의 본질이 '제품의 특징에 대해 고객 한 사람 한 사람에게 상세히 설명해주는 것'에 있다고 본다면 인터넷 판매를 부정하기보다는, 인터넷 판매도 대면 판매와 동일한 효과를 얻을 수 있도록 방법을 찾아보게 될 것이다.

이처럼 체험에 너무 얽매일 경우 동일한 체험을 반복할수록 새로운 것을 부정하게 되지만, 체험을 경험으로 승화시키면 새로운 것을 긍정적으로 대할 수 있다.

이와 같이 되돌아보는 과정(반추)에서 컨셉추얼 씽킹은 매우 중요하다. 특히 '추상적×구체적' 사고축을 활용해 일어난 일의 의미를 이해하거나 구체적인 실행방법을 생각하는 것이 매우 중요하며, 이와 동시에 현상을 직관적으로 바라보는 것도 필요하다.

직관은 경험을 바탕으로 무엇인가를 직감하는 행위다. 인터넷 판매가 고객에게 통할지 통하지 않을지는 대면으로 판매해본 경험이 있어야 직감할 수 있다(물론 통할 것이라고 생각했다면 이를 뒷받침하는 논리적 근거도 필요하다). 이와 같이 경험은 새로운 것을 시도하는 데 플러스 요인으로 작용한다.

가상의 '아웃풋'을 상상하라

신속하고 적절한 의사결정을 내리는 데 있어서도 컨셉추얼 씽킹이 효과적이다. 컨셉추얼 씽킹을 통해 직관적으로 판단한 뒤 논리적으로 검증할 수 있기 때문이다. 이른바 가설사고다. 가설사고의 포인트는 '어떤 가설을 선택할 것인가?'에 있다. 이때 직관이 필요하다. 직관적으로 판단해 '결론은 이러이러할 것'이라고 추정하는 것이다. 직관은 경험을 바탕으로 즉각적으로 느끼는 깨달음을 의미하며, 기본적으로 이를 뒷받침하는 논리가 있게 마련이다.

예를 들어 SI 업체인 S사는 프로젝트 관리기법을 도입함으로써 발주액이 100억 원 이하인 프로젝트의 수익성을 큰 폭으로 개선하는 데 성공했지만, 100억 원을 초과하는 대규모 프로젝트에서는 여전히 적자가 발생하고 있다고 가정해보자. 이러한 상황에서 300억 원 규모의 프로젝트를 새로 수주했고, 어떻게 운영해나가야 수익성을 담보할 수 있을지 고민해야 했다. 적자를 냈던 예전 프로젝트 사례들을 살펴본 뒤 '계획을 제대로 수립하지 않아서 생긴 문제일 것'이라고 직관적으로 가설을 세웠다. 그러나 과거 계획을 분석해보니 진짜 문제는 계획이 아니라 '실행'에 있다는 사실을 알게 됐다. 즉 계획대로 실행되지 않았던 것이다. 실상이 이렇다면 최초의 가설은 잘못된 것이기 때문에 '계획을 이행할 역량이 부족한 것이 주요인일 것'이라는 새로운 가설을 세웠다. 가설을 검증하려면 프로젝트 구성원들의 역량을 분석할 필요가 있다. 그러나 조사 결과 구성원들의 역량이 부족하지는 않은 것으로 보였다. 오히려 계획 수립 단계에서 예상했던 수준보다 더 나은 것처럼 보일 정도였다. 다만 역량이 부족한 것처럼 보이는 이유는, 구성원 각자가 하는 일 없이 시간을 보내는 경우가 많기 때문이었다. 이와 같이 관찰한 내용을 토대로 '구성원 간에 커뮤니케이션이 원활하게 이뤄지지 않는 것'이 문제의 본질일 가능성이 있다고 판단했다. 실상을 파악하기 위해 '계획에 대해 구성원 각자가 제대로 이해하고 있는지'를 조사했다. 그 결과 대부분 '자신이 작업해야 할 내용은 잘 알고 있어도 이것이 다른 사람의 작업 계획과 어떻게 맞물리는지는 파악하지 못했다'는 사실을 확인했다. 결국 문제의 본질은 여기에 있다고 판단하고 구성원 간에 의사소통이 빈틈없이 이뤄질 수 있도록 하기 위한 '커뮤니케이션 계획'을 수립했다. 그 결과 프로젝트를 계획대로 이행해나갈 수 있었고 결국 수익성도 확보할 수 있게 되었다.

직관으로 행동하고 논리로 검증한다

프로젝트 진행 방침을 결정하기 위해 먼저 직관을 바탕으로 가설을 세운 뒤 가설의 타당성을 논리적으로 검증했고, 그 결과를 바탕으로 최종 결론을 내렸다. 직관과 논리를 여러 번 넘나들며 타당한 결론에 이르게 된 것이다.

만약 이러한 과정을 거치지 않았더라면, 프로젝트 생산성에 영향을 주는 요소를 전부 늘어놓은 후 하나하나 검증한 뒤 그 안에서 무엇인가를 선택해야 했을 것이다. 여기서 '무엇인가'라는 표현을 사용한 이유는, 가설검증을 통해 최종 선택한 것과 다른 선택지를 고를 가능성이 있기 때문이다. 답이 정해져 있지 않은 문제이니 당연하지 않느냐고 반문할 수도 있다. 그러나 내 이야기의 요점은 그렇게 고른 선택지가 문제의 본질과 상당히 거리가 있는 것일 수도 있다는 점이다. 예를 들어 '구성원 간에 소통이 원활하게 이뤄지도록 해야 한다'가 아니라 '구성원 관리를 제대로 해야 한다'는 엉뚱한 결론에 이를 수도 있는 것이다.

타당성을 확보하는 법

그렇다면 가설의 '타당성'은 어떻게 검증해야 할까. 타당성을 판단하는 기준은 '논리적 적절성'이다. 즉 논리적으로 설명할 수 있느냐 없느냐가 타당성을 결정한다. 물론 '어떤 논리라도 100% 확실한 것은 아니다'라는 전제는 반드시 따라 붙는다. 예를 들어 커뮤니케이션 계획을 세우기만 하면 실제로 구성원 간의 의사소통이 원활해질 것인지에 대해서는 주관적으로 판단해야 한다. 여기에는 '커뮤니케이션 계획은 다른 계획보다 쉽게 실행에 옮길 수 있다'는 전제가 깔려 있다. 이러한 전제의 타당성을 판단할 수 있어야 논리 자체의 타당성도 판단할 수 있다.

타당성을 갖추려면 논리 또는 전제가 옳다는 것을 관계자들에게도 납득시킬 필요가 있다. 즉 주관과 객관을 여러 번 넘나들면서, 논리와 전제를 어떻게 다듬어야 상호주관성*을 확보할 수 있을지 생각해봐야 한다.

커뮤니케이션은 정보를 다루는 일이다

로버트 카츠는 리더에게 '컨셉추얼 스킬', '휴먼 스킬', '테크니컬 스킬' 등 3가지 기술이 필요하다고 주장했다. 많은 사람들은 커뮤니케이션이 휴먼 스킬로써 풀어야 할 문제라고 생각한다. 실제로 커뮤니케이션 방법(듣기, 말하기 등)은 휴먼 스킬 중에서도 중요한 항목이다. 그리고 커뮤니케이션의 목적 중 하나인 '상대방에게 영향을 줌으로써 행동하게 만드는 것' 또한 휴먼 스킬로써 다뤄야 할 문제인 만큼, 휴먼 스킬에 크게 의존하는 것은 잘못된 것이 아니다. 다만 여기서는 '휴먼 스킬만 갖추면 충분한가?'라는 질문을 던질 필요가 있다.

리더가 해야 할 일 중 가장 중요한 것은 예나 지금이나 '정보를 다루는 일'이다. 리더에게 커뮤니케이션이 중요하다고 하는 이유는 이것이 바로 정보를 다루는 행위이기 때문이다. 그러나 피터 드러커

* Intersubjectivity, 주관적인 경험이나 생각이 상호 또는 다자간에 공감대를 이루는 경우를 뜻하며, 간주관성이라고도 함.

는 '커뮤니케이션과 정보는 서로 다르다.'라는 비즈니스 격언을 남겼다. 즉 커뮤니케이션과 정보는 서로 의존하는 관계이기는 해도 같은 것은 아니라는 말이다. 이를 염두에 두자.

과거의 리더는 정보를 힘의 원천으로 삼았다. 오늘날에도 그런지는 모르지만, 부하직원보다 더 많은 정보를 가지고 더 적절한 판단을 내릴 수 있는 것이 리더의 위력 중 하나였다.

과거에는 기업의 내부 판단만으로도 사업을 영위할 수 있었지만, 오늘날에는 고객과 시장이 무엇을 원하는지 사전에 철저히 확인한 뒤 사업을 전개해야 한다. 물론 기업들은 자체적으로 경영전략이나 경영방침을 수립하지만, 이 또한 고객과 시장의 목소리를 반영해 결정한다.

이와 같은 환경에서는 리더가 현장의 실무담당자보다 더 많은 정보를 가지고 있을 것이라고 단언할 수 없다. 특히 고객에 관한 정보는 실무자가 더 많이 가지고 있을 수밖에 없다. 이 때문에 오늘날에는 중앙집중형 경영보다는 현장일임형 경영이 더욱 합리적인 방식이라고 할 수 있다.

멍청한 리더가 일하는 방식

경영 스타일도 기존에는 탑다운Top-down으로 지시하고 통제하는 형태였다면, 이제는 부하직원을 지원하는 형태로 변해가고 있다. 지원형 관리의 목표는 부하에게 권한을 위임해 스스로의 판단하에 일을 할 수 있도록 지원하는 것이다.

이때도 마찬가지로 정보가 문제된다. 부하직원이 자립적으로 일할 수 있게 하려면 필요한 정보를 제공해야 하고 사기도 북돋아줘야 한다. 이와 같은 역할을 하는 것이 바로 커뮤니케이션이다. 그러나 실제로는 필요한 정보가 제대로 제공되지 않는 경우가 많다. 즉 커뮤니케이션에 문제가 있는 것이다. 권한을 위임했다고는 하지만 실제로는 제대로 기능하지 않는 까닭은 대부분 커뮤니케이션에 문제가 있기 때문이다.

이 문제가 골치 아픈 이유는, 흔히 이야기하는 것처럼 리더가 자기 일을 하느라 바빠서 커뮤니케이션을 하지 못한 것이 아니기 때문이다. 커뮤니케이션이 제대로 이루어지지 않은 까닭은 부하직원에게 무슨 정보를 제공해야 될지 모르는 데 있다.

부하직원이 일을 처리하는 데 어떤 정보가 필요한지조차 모르는 리더도 있다. 무엇을 어찌해야 할지 몰라 당황한 리더는 부하직원에게 '문제가 생기면 가급적 신속히 보고하라'고 지시할 뿐이다. 일견 부하직원의 입장을 배려한 것처럼 보이지만, 이는 어디까지나 리더 스스로 해결해야 할 문제다. 부하직원에게 알아서 보고하라고 하는 것은 문제가 발생하는 것을 묵과하겠다는 행위나 다름없다.

무엇을, 어떻게 맡겨야 좋은가

왜 이런 일이 벌어지는 것일까? 리더의 역할은 소속 부서의 목표를 달성하기 위해 필요한 업무가 무엇이며, 각 업무 간에 서로 어떤 관계가 있는지 파악하고 어떻게 전개해나가야 할지를 결정하는 것이다. 쉽게 말하면 목표를 달성하기 위해 필요한 업무를 구상하고 기획해서 실행 전략을 수립하는 일이다. 그리고 그 과정에서 부하직원에게 맡겨야 할 일이 무엇이며 제공해야 할 정보가 무엇인지를 결정해야 한다. 이런 과정을 제대로 밟아야 비로소 부하직원과 의미 있는 커뮤니케이션을 할 수 있다.

한 가지 예를 들어보자. 최근 들어 직원들이 업무 지시를 받고 자신이 왜 그 일을 해야 하는지 납득하지 못하는 문제가 대두되고 있다. 다시 말해 업무의 목적이 무엇인지 모르겠다는 것이다. '목적에 대한 이해'는 업무 중에 맞닥뜨린 문제를 처리하기 위한 판단기준과 직결되는 만큼 매우 중요하다. 또한 동기를 가지고 일하려면 반드시 선결되어야 한다.

조금만 신경 쓰면 업무의 목적이 무엇인지 쉽게 전달할 수 있을 것처럼 보이지만, 실은 그리 단순한 문제가 아니며 다른 누군가에게 물어볼 수 있는 것도 아니다. 리더 자신이 직접 의미를 부여하고 부하직원에게 전달해야 한다.

'고객이 필요하다고 하니까'라고 설명하는 리더도 있으나 이는 적절한 답이 될 수 없다. 즉 모티베이션을 갖게 하는 데는 도움이 될지 몰라도 의사결정의 근거가 될 수는 없다. 이런 정도로는 제대로 권한을 위임했다고 할 수 없다. 권한을 위임하려면 복잡한 정보를 적절히 전달할 필요가 있다.

'사업부장이 ○○○라고 말했다', '영업부장이 ○○○라고 말했다', '고객이 ○○○라고 말했다'고 여러 사람이 이야기한 것을 전달한 뒤, 부하직원에게 알아서 잘 판단해보라고 하는 경우가 있는데 이 또한 마찬가지로 리더로서의 책임을 다 했다고 할 수 없다. 리더는 자기가 가지고 있는 정보의 의미를 나름대로 해석하고 모르는 부분이 있으면 찾아본 뒤, 결과적으로 어떤 업무가 필요한지 명확히 정리해야 한다. 그런 후에 부하직원에게 업무를 지시하고 필요한 정보도 함께 제공해야 한다.

"기대가 커", "수고해"라는 등의 휴먼 스킬 차원의 커뮤니케이션만으로 충분하지 않다. 부하직원이 업무 목적을 이해하지 못하면 일을 제대로 처리하지 못할 것이고, 그러면 그 일은 결국 리더에게 되돌아올 수밖에 없다.

이때 필요한 것이 컨셉추얼 씽킹이다. 상대방을 움직이고자 한다면 커뮤니케이션을 통한 휴먼 스킬만으로는 부족하다. 컨셉추얼 스킬을 통해 정보를 제공해야 한다. 이렇게 하지 않고 문제가 생기고 나서야 머리를 맞대고 의논하는 것만큼 비생산적인 방법도 없다. 이처럼 리더의 컨셉추얼 스킬은 부하직원의 생산성을 높이거나 유지하는 데 매우 중요한 역량이라는 점을 염두에 두자.

악마는 디테일 속에 있다고?!

많은 기업들이 생산성 문제로 골머리를 앓는데, 그 이유는 무엇일까? 의사결정 과정을 살펴보면 쉽게 이해할 수 있다. 이들 기업들은 세부적인 내용까지 리더가 검토한 후에야 비로소 결정을 내리는 경향이 있다. 이것이 문제가 되는 까닭은 2가지다.

첫째, 세부적인 것에 집착하다 보면 본질을 놓치기 쉽기 때문이다. 나는 컨설턴트로서 일을 시작한 지 얼마 안 됐을 때 제품의 사양을 결정하는 사람에게서 이런 이야기를 들은 적이 있다.

"생각할 수 있는 모든 사양에 대해 하나하나 검토하는 것은 어차피 해야 할 일이다."

그러나 이 말에는 무슨 일을 하든 충분한 시간과 돈을 쓸 수 있다는 암묵적인 전제가 깔려 있다. 비현실적인 이야기 같지만 아직까지 이와 같은 전제로 일을 하는 사람들이 적지 않다.

흔히 쓰는 표현 중에서 '악마는 디테일 속에 있다'는 말이 있다. 얼핏 보면 쉬워 보였던 것이 마무리 단계에서 예상했던 것보다 더 많은 시간과 노력을 쏟아부어야 하는 것에서 나온 말이다. 그러다 보니 많은 기업들이 생산과 서비스 전 과정에서 세부적인 사항에 지나치게 집착하곤 한다. 세부적인 내용이 본질을 결정한다고 믿기 때문이다. 그러나 그러다 보면 전체적인 방향은 이도저도 아니게 된다. 만약 잡스가 아이폰을 당시의 모든 신기술을 끌어다 만들었다면, 오늘날의 아이폰은 존재하지 못했을 것이다.

추상화하면 보인다

이와 같은 문제를 해결하지 않으면 생산성은 향상될 수 없다. 대부분의 문제는 그렇게 복잡하지 않다. 해야 하는 일의 본질이 무엇인지 결정한 뒤 본질에 도움이 되는 일을 우선시하면 된다. 즉 본질을 실현하는 데 도움이 되는 부분만 우선 고려하고 나머지는 버리면 되는 것이다. 그러나 말처럼 쉽지 않은 경우가 대부분이다.

이때 효과적인 방법은 일단 본질이라고 생각되는 세부사항을 추상화한 뒤, 추상화된 상태에서 본질을 발견하는 것이다. 다시 자동차 레이싱을 예로 들어보자. 커브 지점을 빠르게 통과한다는 것은 커브 지점에서 속도를 덜 줄임으로써 낭비를 없앤다는 말과 같다. 그리고 차량을 정비하는 데 소요되는 시간을 단축하는 것도 마찬가지로 낭비를 없애기 위한 좋은 방법이다.

이와 같이 자동차 레이싱의 본질은 '낭비를 줄이는 것'에 있으며, 이를 다시 구체화하면 '커브 지점을 빠르게 통과하는 것'이자 '차량 정비 속도를 높이는 것'이라고 정리할 수 있다. 이런 관점에서 보면 '레이서의 운전 실력'이라는 요소는 본질과 다소 거리가 있음을 알 수 있다. 이러한 방법으로 생각을 정리하면 현상의 본질을 발견할 수 있고, 본질과 밀접한 관계가 있는 요소에 집중함으로써 생산성을 올릴 수 있다.

본질에 충실한 요소를 추려낸다는 것

일의 본질이 무엇인지 생각할 때 '사람' 문제가 얽히면 더욱 까다로 워진다. 본질과 거리가 먼 일을 하던 사람은 결국 도태될 수밖에 없다. 최근 많은 조직들이 인원을 줄여나가고 있다. 그 이유는 분명하다. 인력을 줄이니 본질적인 일만 하게 된 것이다.

결과적으로 지금까지 5명이 하던 일을 앞으로 4명이 할 수 있다면 생산성은 20% 올라가게 되는 것이다. 본질적인 일만 따로 추려내려 한 것이 아니라, 목표와 목적 달성에 도움이 되지 않는 일은 하지 않은 것이다.

본질에 충실한 기능을 추려낸다는 것은 고객가치에 영향을 주지 못하는 기능을 버린다는 것과 같다. 구체적으로 '어떤' 고객의 가치에 영향을 줘야 하는지가 문제일 수 있는데, 단 한 사람이라도 만족시킬 수 있다면 된다는 생각보다는 얼마나 많은 사람들을 만족시킬 수 있을지를 기준으로 생각해야 한다.

이렇게 해야 비로소 생산성을 향상시킬 수 있다. 그리고 이것이 노동의 가치와 고객가치를 높일 수 있는 좋은 방법이라는 사실을 반드시 이해해야 한다.

고객의 기대를 뛰어넘는 법

최근 많은 사람들이 시장, 고객, 이해관계자의 기대 수준을 넘어서는 제품과 서비스를 제공해야 한다고 이야기한다. 자신의 기대를 뛰어넘는 것을 제안해달라고 고객이 직접 요구하는 경우도 있다.

고객의 기대수준에 따라 제품과 서비스를 제공하는 행위는 3단계로 구분할 수 있다. 첫 번째 단계는 당연한 것을 제공하는 경우로, 기본 기능을 장착하고 결함이 없게 만드는 것이다. 예를 들어 자동차라면, 엔진을 장착하고 브레이크와 액셀러레이터로 속도를 조절할 수 있게 하고 운전대를 달아서 주행 방향을 조정할 수 있도록 하는 정도다. 두 번째 단계는 고객이 요구한 기능을 제공하는 경우다. 내비게이션이나 자동 브레이크 시스템이 이에 해당한다. 요즘 기준으로 보면 자율주행도 여기에 포함될 것이다. 마지막 세 번째 단계는 고객의 기대를 뛰어넘는 것을 제공하는 경우다. 하늘을 나는 자동차처럼 이제껏 없던 완전히 새로운 개념을 제시하는 것을 의미한다.

왜 그들은 '그것'을 원할까

고객의 기대를 뛰어넘는 무엇인가를 제안하려면 어떻게 해야 할까? 이럴 때 컨셉추얼 씽킹을 활용하면 도움이 된다. 특히 추상적인 수준에서 아이디어를 구상한 뒤 이를 바탕으로 제품·서비스·기능 등을 구체화해나가는 것이 효과적이다.

가장 먼저 해야 할 일은 고객 요구사항의 본질을 파악하는 것이다. 고객의 목소리에는 다양한 수준의 요구사항이 섞여 있기 때문에 잘 구분할 필요가 있다. '당연한 것'에 대해서는 이론의 여지가 거의 없지만 '고객이 필요로 하는 것'이라고 해서 곧이곧대로 받아들이면 위험하다. 이보다는 정말로 원하는 것이 무엇일까라는 시각에서 고객의 목소리를 들을 필요가 있으며, 그러려면 항상 '왜'라는 질문을 던져야 한다. 다시 말해 '왜' 그런 제품을 원하는지, '왜' 그런 기능이 필요하다고 했는지를 생각하면서 이야기를 들어봐야 한다.

가령 고객이 집의 벽면을 하얗게 칠해달라고 요청했다고 해보자. 이렇게 말했다고 해서 하얀색으로 칠해주는 것만이 고객의 니즈를 완벽히 수용했다고 단정 짓기는 어렵다. 왜냐하면 '하얀색'은 어디까지나 전체적인 분위기를 표현하기 위해 사용한 표현일 뿐, 고객이 진짜로 원하는 것은 벽에 묻은 얼룩이 눈에 띄지 않게 하는 것일지도 모른다. 고객이 정말 원하는 바를 끄집어내려면 '왜 하얀색으로 칠하고 싶어하는지'에 대해 깊이 있게 생각해봐야 한다. 이렇게 해야 '벽에 묻은 얼룩이 눈에 띄지 않게 하고 싶다'는 본질적인 요구사항을 찾아낼 수 있다.

여기서 중요한 것은 '벽을 하얗게 칠해달라'는 요청과 '벽의 얼룩이 눈에 띄지 않게 해달라'는 요청 각각에 대한 대응 방법이 다르다는 점이다. '벽의 얼룩이 눈에 띄지 않게 해달라'는 요청에 대한 대응 방법으로는 벽을 하얗게 칠하는 것 외에도 베이지색으로 칠한다든지 규칙적으로 청소한다든지 하는 방법도 생각해볼 수 있다.

본질은 행간을 파악하는 것이다

이 과정에서 요구사항의 본질이 무엇인지 파악하려면 '왜'를 좀더 반복해야 한다. 벽에 묻은 얼룩이 눈에 띄지 않게 하고 싶은 이유가 무엇인지 물으니 "얼룩이 신경 쓰여서"라고 대답했다고 해보자. 그렇다면 '하얗게 칠하는 것'은 답이 안 된다. 얼룩이 눈에 잘 띄지 않는 색을 칠한다든지 하얀색으로 칠한 다음 규칙적으로 청소한다든지 할 필요가 있다. 한 단계 더 들어가서 얼룩이 신경 쓰이는 이유가 무엇인지 묻자 "집을 지은 지 얼마 안 됐을 때와 비교하면 전체적으로 때가 탔고, 특히 벽이 더럽기 때문"이라고 답했다고 해보자. 그렇다면 하얗게 칠하는 것보다는 '얼룩이 눈에 띄지 않게 할 만한 색으로 칠하는 것'이 본질적인 요구사항에 더욱 잘 부합하는 것이다.

요구사항의 본질을 파악하기 위한 절차를 정리해보자. 순서는 다음과 같다.

① 요구사항을 가급적 많이 이끌어낸다
② 요구사항을 추상화해 본질을 파악한다
③ 추상화한 요구사항을 구체화한다

④ 본질이라고 생각되는 요구사항을 선택한다

우선 '고객의 소리'를 듣고 요구사항을 뽑아낸다. 요구사항 중에는 그 자체가 본질적인 것도 적지 않기 때문에 가급적 많이 끌어내야 한다. 그런 다음 요구사항을 추상화해 본질을 파악한 뒤 다시 구체화한다(추상화한 내용 중 본질에 가까운 것을 가급적 많이 골라낸 뒤에 구체화한다). 구체화할 때는 수면 위에 드러나지 않은 요구사항까지 고려해야 한다. 그리고 마지막에는 구체화한 요구사항 중에서 본질적인 것을 골라낸다. 물론 여러 개를 골라도 상관없다. 이와 같은 과정을 통해 본질적인 요구사항을 구체적으로 파악할 수 있다.

이처럼 겉으로 드러난 요구사항을 여러 차례 깊이 있게 분석해서 본질을 발견하고 그에 맞게 대응하면 고객의 기대를 뛰어넘을 가능성이 크다. 고객이 원하는 것만 제공하면 만족도를 높이기 어렵다. 그저 당연한 것으로 받아들이기 쉽기 때문이다. 고객의 기대를 뛰어넘으려면 위에서 설명한 것처럼 컨셉추얼 씽킹을 활용해 본질을 분석해야 한다.

가치는 주관의 개입에서 발생한다

컨셉추얼 씽킹을 통해 자신의 생각을 업무에 활용하는 것에 대해서 살펴보자. 컨셉추얼 씽킹은 더욱 창조적이고 가치 있는 산출물을 만

들어내는 데 도움이 된다. 여기서 '창조적'이라는 것은 지금까지 없었던 새로운 무언가를 만들어내는 것을 의미한다. 그렇다면 새로운 것에는 어떻게 가치를 부여할 수 있을까. 개념화한다는 것의 두 번째 조건은 '가치를 판단하는 것'인데, 바로 이 부분을 의미한다.

앞에서 설명한 대로 새로운 것을 창조하는 데 컨셉추얼 씽킹이 도움이 되며, 가치를 부여하는 과정에는 주관(자기 생각)이 깊이 관여한다.

가치를 결정하는 방법

의사결정은 주관적으로 생각한 것을 객관화하는 과정을 통해 이루어진다. 여기서 화두가 되는 것이 바로 가치다. 가치는 어떤 사물과 현상이 어느 정도 중요한지, 또는 좋은 결과를 얻는 데 어느 정도 기여할 수 있을지를 나타내는 척도다.

가치를 결정하는 방법은 크게 2가지다. 첫 번째 방법은 과거 실적을 기준으로 판단하는 것이다. 즉 과거에 출시했던 제품과 서비스 등 유사한 사례를 찾아 이를 참고해 가치를 결정하는 방법이다. 다만 이 방법으로는 지금까지 한 번도 해보지 않은 것에 대한 가치를 측정할 수 없다. 이른바 전문가라고 하는 경험자의 도움을 받을 수도 있지만 본질은 크게 다르지 않다.

두 번째 방법은 리더나 팀의 주관을 토대로 가치를 결정하는 것이다. 물론 주관은 말 그대로 '토대'이고 제삼자의 의견도 확인함으로써 객관화하는 것도 필요하다. 새로운 것에 대한 가치를 판단하고자 한다면 이 방법이 더 적절하다.

다만 이와 같이 자신의 생각과 제삼자의 의견을 반영해 가치를 판단하기 위해서는 조건이 하나 있다. 그것은 바로 '본질을 벗어나지 말아야 한다'는 것이다.

가치는 주관과 객관의 검증으로 커진다

아이폰 개발 당시 스티브 잡스는 제품을 직접 사용해보면서 철저히 사용자의 관점에서 판단했다. 잡스는 어떤 사용자를 의식한 것일까? 아마도 '이런 기능을 사용하고 싶다', '이런 형태였으면 좋겠다'라는 자신의 욕구를 기준으로 판단했을 것이다.

이 과정에서 그는 컨셉추얼 씽킹을 했다. 먼저 주관적으로 아이디어를 낸 후 타당한 것으로 판단되면 객관적으로도 검토했을 것이다. 아마도 이러한 과정을 반복했기 때문에 혁신적인 제품을 완성할 수 있었을 것이다.

잡스가 성공을 거둔 까닭은 그가 주관적으로 생각하는 단계에서 아이폰의 본질을 파악했고, 실제 기능으로 구현해나가는 과정에서도 타인의 의견을 참고하되 본질을 놓치지 않았기 때문이라고 쉽게 추정할 수 있다.

원인과 과제 파악을 통한 문제해결

컨셉추얼 씽킹은 문제를 해결할 때 여러 가지 측면에서 큰 도움이 된다. 그중에서도 가장 중요한 역할은 사고를 유연하게 할 수 있게 해준다는 점이다. 즉 문제를 해결하고자 할 때 컨셉추얼 씽킹을 활용하면 문제의 본질과 본질적인 문제를 파악하기 수월할 뿐만 아니라, 본질적인 문제를 푸는 데 필요한 다양한 아이디어를 도출하는 데도 도움이 된다.

문제해결은 2가지로 나뉜다. 첫째는 원인을 밝히고 이에 대처하는 문제해결이다. 둘째는 과제를 찾아 대처하는 과제해결이다. 다시 말해 전자는 본질이 근본적인 원인이라고 판단하고 이에 대한 해결책을 찾는 과정이며, 후자는 과제의 본질을 발견하고 이에 대처 방법을 찾아나가는 과정을 의미한다.

먼저 구조를 파악하라

문제해결의 포인트는 '문제의 구조'를 파악하는 데 있다. 그림으로 표현하면 도표 5-2와 같다. 목표와 현실 사이의 괴리가 '문제'에 해당한다는 것에 대해서는 이론의 여지가 없다. 그리고 각각의 문제에는 반드시 이를 해결해야 할 주체가 있다. 이와 같이 정의한다면, 어떤 현상을 '문제'라고 규정할지는 결국 주관적으로 판단할 수밖에 없다.

문제를 해결하려면 문제의 본질부터 파악해야 한다. 어떤 현상이 왜 일어났을지 거듭해서 생각하면서 추상적인 원인을 발견한 뒤, 이 중에서 본질적인 원인으로 판단되는 것에 대한 해결책을 추상적인 차원에서 구상하고 이를 점차 구체화해나가야 한다. 여기서 '본질적인 원인'은 주관적으로 생각한 것이지만 주변 사람들도 납득한 상호주관적인 성격을 띤다.

예를 들어 운전 중에 스마트폰으로 주변 풍경을 찍어 다른 사람에게 전송하려다 사고를 냈다고 가정해보자. 그리고 이를 추상화해 한눈팔기 운전 때문으로 결론났다고 해보자. 문제를 해결하려면 어떻게 해야 한눈팔기 운전을 삼가도록 할 수 있을지를 생각해야 한

도표 5-2 문제란 무엇인가

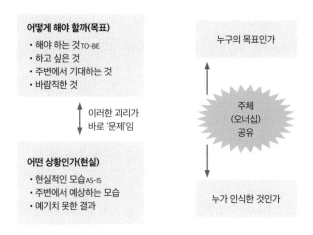

'문제'는 목표와 현실 사이의 괴리를 가리키며 반드시 문제의 주체가 해결해야 함

다. 이를 위해 다음과 같은 방법을 생각해볼 수 있다.

① 주의를 환기한다
② 단속한다
③ 한눈팔기 운전을 하지 못하도록 압력을 넣는다

그리고 이 중에서 가장 효과적인 방법을 선택한 뒤 구체화해야 한다. 유사한 장소에서 발생한 교통사고 사례를 바탕으로 ①이 가장 효과적인 방법이라고 판단했다면 ①을 해결책으로 정하고 이를 중심으로 구체적인 아이디어를 도출해야 한다. 예를 들어 도로교통 정보통신시스템VICS을 통해 '운전할 때는 시선을 반드시 전방에 둡시다'라는 메시지를 내보내는 방안을 생각해볼 수 있다. 이에 대해 'VICS를 이용하면 실제로 효과가 있을까?'라는 질문으로 추상화한 뒤 실질적으로 검토함으로써 구체적인 최종안을 도출한다. 이와 같은 방법으로 생각을 전개해나가다 보면 다양한 각도에서 아이디어를 도출할 수 있다.

'왜'라는 질문이 본질에 가깝게 한다

과제해결은 과제의 본질을 발견하는 과정이다. 따라서 당면 과제를 해결하는 데 반드시 필요할 뿐만 아니라 다른 유사한 과제에 대처하는 데도 도움이 된다. 앞에서 언급한 교통사고 사례를 통해 이야기해보자. 이 지역에서는 교통사고가 자주 발생하므로 '스마트폰 사용 금지' 표지판을 세워놓기로 결정했다고 해보자. '표지판은 왜 필요할까? 표지판을 세워두면 운전자가 주의할 것이기 때문이다. 이러한 판단은 과연 타당한가? 타당하다고 판단한 이유는 무엇인가?' 이와 같이 '왜'라는 질문을 반복해서 던짐으로써 과제의 본질에 조금씩 접근할 수 있다.

다만 이러한 과정에서 과제가 점점 확대될 수 있다는 점에 주의해야 한다. 예를 들어 스마트폰 허용 여부를 떠나 '한눈팔기 운전을 하지 않게끔 하는 것'이 과제의 본질일지도 모른다. 이렇게 생각했다면 한눈팔기 운전 방지를 과제로 삼고 이를 해결하기 위한 구체적인 방안을 도출해야 한다. 여기서부터는 근본적인 원인을 확인하고 대응하는 경우와 동일하다.

구체화를 위한 훌륭한 도구들

어떻게 해야 아이디어를 구체화할 수 있을까. 혼자서 구체화해야 할 경우도 있고 여러 명이 팀을 이뤄 해야 할 때도 있다. 기본이 되는 기법은 브레인스토밍이다.

브레인스토밍만으로 조금 불안하다면, 브레인라이팅*이나 스캠퍼SCAMPER 질문을 활용해도 된다. 스캠퍼 질문이란 도표 5-3과 같

도표 5-3 스캠퍼 질문

Substitute 대체하기	무언가 다른 것으로 대체할 수는 없을까 누군가 대체할 만한 사람은 없을까 무언가 다른 처리 방법은 없을까
Combine 결합하기	어떤 것과 합칠 수 있는가 섞을 수 있는 것은 무엇인가 합치면 어떻게 될까 어떻게 해야 여러 목적을 하나로 통합할 수 있을까 어떻게 해야 여러 용도를 하나로 통합할 수 있을까
Adapt 적용하기	이것을 실행할 수 있는 다른 아이디어는 없을까 이것과 유사한 다른 것은 없을까 과거에 비슷한 사례가 있는가
Modify 수정하기	새롭게 바꿔보면 어떨까 어떻게 해야 의미를 바꿀 수 있을까 어떻게 해야 모양을 바꿀 수 있을까 무언가 더할 것은 없을까 어떻게 해야 빈도(높이, 크기, 강도)를 늘릴 수 있을까 어떻게 해야 가치를 높일 수 있을까 무엇을 줄일 수 있을까 무엇을 합리화할 수 있을까
Put to other uses 응용하기	이대로 다른 곳에서도 사용할 수 없을까 변경하면 무언가 다른 곳에서도 사용할 수 있을까
Eliminate 제거하기	무언가 제어하거나 줄일 수 있는 것은 없을까 무언가 불필요한 것은 없을까 무언가 희생할 수 있는 것은 없을까 무언가 포기할 것은 없을까
Rearrange 조정하기	무언가 다른 패턴은 없을까 무언가 다른 설비를 이용할 수 없을까 무언가로 교환할 수 없을까 무언가로 대체할 수 없을까 무언가와 다시 합칠 수 없을까 만약 거꾸로 하면 어떻게 될까

이 여러 가지 방법을 조합해 새로운 아이디어를 도출하는 기법을 의미한다. 혼자서 생각할 때든 여러 명이 함께 브레인스토밍할 때든 유용하게 쓸 수 있다.

다양성의 가치와 현실

다양성이 중요한 시대다. 다양한 가치관과 의견을 가진 사람들이 모이는 것이 팀과 프로젝트, 그리고 조직의 성과에 큰 도움이 된다고 생각하기 시작한 것이다. 그러나 말은 쉬워도 현실적으로는 높은 수준의 다양성을 확보한 팀을 구성하기란 매우 어렵다. 이유는 크게 2가지다.

우선 감정적인 문제 때문이다. 다른 사람과 함께 일해야 한다면, 이왕이면 가치관이나 생각이 서로 통하는 사람과 같이 하고 싶다고 생각하기 마련이다. 이처럼 다양성을 갖춘 팀을 꾸리는 데 감정이 문제가 될 수 있다. 또 다른 이유는 좀더 현실적인 것으로, 서로 다른 생각이 대립하면 누구라도 납득할 수 있는 결론이 도출되기 어렵기 때문이다.

다양한 사람이 모이면 다양한 의견이 나오고 그러다 보면 의견 대립이 일어나는 것은 당연한 일이다. 남들과 대립하는 것이 두려워

• Brainwriting, 각자 생각한 바를 글로 작성한 뒤 이를 바탕으로 다른 사람들과 의논하는 방법.

서 비슷한 생각을 하는 사람과만 일하려고 한다면 더 좋은 아이디어를 낼 수 있는 기회를 놓치게 된다. 다양성과 관련된 이러한 딜레마는 컨셉추얼 씽킹을 통해 해소할 수 있다.

추상적으로 다양성을 극복하는 법

그렇다면 컨셉추얼 씽킹을 어떻게 활용해야 할까. 이를 위해서는 현재 가지고 있는 사고방식의 문제점이 무엇인지 살펴봐야 한다. 4명의 가족 구성원이 집의 벽을 무슨 색깔로 칠할지 의논하는 상황을 예로 들어보자. 가령 아빠는 녹색, 엄마는 흰색, 아들은 파란색, 딸은 노란색을 선택했다고 해보자. 이런 상황에서는 서로 아무리 의논해 봤자 결론이 날 수 없다. 단순히 이 중에서 어떤 색이 제일 나을지를 선택하는 것으로 마무리될 가능성이 크다.

　합리적인 결론을 도출하기 위해 조금 추상화해 '각자 왜 그 색깔을 골랐는지'를 생각해본다. 그 결과 아빠와 딸은 따뜻한 느낌을 좋아하고, 엄마와 아들은 시원한 느낌을 좋아하기 때문이라는 것을 알게 됐다. 이러한 의견을 토대로 어떤 색이 좋을지 의논한 결과, 4명 모두 '베이지색'이 낫겠다고 판단했다.

　이처럼 구체적인 의견으로 대립하기보다는 의견을 추상적으로 파악하고 서로 통합함으로써 하나의 의견으로 정리한 다음, 다시 한 번 구체화하면 모두가 만족하는 결론에 이를 수 있다.

의견은 추상적으로 파악하라

최근 혁신을 해야 할지 비용을 절감해야 할지 고민된다는 이야기를 자주 듣는다. 고객은 조금이라도 저렴한 가격으로 제품을 구입하고 싶어하면서도 새로운 제품을 원하기도 한다. 하지만 새로운 제품을 공급하려면 개발비가 필요하고 조달비도 늘어나기 때문에 저렴한 가격으로는 공급할 수 없는 딜레마가 발생한다. 이 정도 수준에서 타협점을 찾다 보면 '저가격화를 목표로 한 새로운 제품을 개발하자'는 식의, 고객이 원하는 바와 방향성이 다른 결론에 도달할 가능성이 있다. 올바른 방향성을 도출하기 위해서는 우선 각 의견을 다음과 같이 추상화해본다.

> 비용을 절감해야 한다 ⇒ 가격 경쟁력을 제고한다
> 새로운 제품을 계속 개발해야 한다 ⇒ 혁신 역량을 강화한다

이와 같이 추상화한 내용을 통합하면 다음과 같은 아이디어를 도출할 수 있다. '제품의 제공 단위를 변경하고 시스템화를 통해 제품을 혁신하는 데 드는 비용을 절감함으로써 제품 가격을 낮추자.' 이러한 아이디어를 납득할 수 있다면 이를 바탕으로 구체적인 방향성을 도출하고 이에 입각해서 새로운 제품을 개발해나가면 된다. 예를 들어 다음과 같은 방향성이 도출될 수 있다.

'제품을 모듈화함으로써 모듈의 조합을 달리하는 것만으로 새로

운 콘셉트의 제품이 탄생될 수 있게 하자. 그리고 새로운 모듈을 개발하는 경우에는 해당 모듈이 가급적 많은 제품에 적용될 수 있도록 설계하자.'

만약 구체적인 아이디어가 잘 떠오르지 않는다면, 다시 한 번 추상적인 의견을 통합하는 단계로 돌아가서 아이디어를 도출한 뒤 구체화하는 작업을 반복해보자.

아이디어를 통합하는 방법

그렇다면 통합은 어떻게 해야 할까. 포인트는 이미 확보한 정보를 가급적 버리지 않는 데 있다. 논리적 사고를 할 때는 정보를 취사선택하면서 논리를 만들어나가지만, 통합 시에는 정보를 폭넓게 확보한 뒤 개별 정보를 다양하게 조합해보면서 답을 찾아나가야 한다. 따라서 '전체적×분석적' 사고축을 잘 다룰수록 유리하다.

전체적으로는 혁신 비용을 절감해 제품가격을 낮추는 것을 항상 염두에 두고, 각 요소를 조합해 그 실현 방법을 모색하는 것이다. 이렇게 하면 '제품 단위를 변경하고 시스템화해야 한다'는 아이디어 등 서로 다른 의견을 통합한 새로운 방향성을 도출할 수 있다.

최초의 생각에서 새로운 생각으로

업무를 처리하기 위해 아이디어가 필요한 경우가 많다. 앞에서 소개한 방법은 아이디어를 도출할 때 유용하다. 브레인스토밍도 좋은 방법이지만 이것만으로는 부족하다고 생각하는 사람이 많다. 브레인스토밍은 기본적으로 구체적인 아이디어를 계속해서 떠올리기 위한 방법이다. 물론 규칙이 따로 있는 것은 아니기 때문에 추상적인 것을 이야기해도 상관없으나, 연상聯想이 기본이 되기 때문에 구체적인 의견이 주로 제시되기 마련이다. 따라서 브레인스토밍을 통해서는 구체적이지는 않지만 톡 튀는 아이디어를 내기는 어렵다. 많은 사람들이 무언가 부족하다고 느끼는 이유는 바로 여기에 있다.

참신한 아이디어를 내려면 어떻게 해야 할까. 이를 위해 필요한 것이 바로 추상적 사고와 구체적 사고를 넘나들 수 있는 능력이다. 예를 들어 직장 내 커뮤니케이션을 하는 상황을 생각해보자. 일반적으로 강조되는 것은 '보고, 연락, 의논'이다. 보고, 연락, 의논은 말로 생각한 바를 전달하는 행위지만 조금 추상화해 '메시지를 전달하는 행위'라고 간주해보자. 그러면 언어 외에 어떤 구체적인 방법이 있을지를 생각해볼 수 있다. 동작이나 눈빛 같은 것 말이다. 애드리브와 같은 방법도 있다. 애드리브는 보고, 연락, 의논과는 상당히 거리가 있는 전달 방식이다. 그만큼 동작이나 눈빛보다는 튀는 아이디어인 것이다.

이처럼 구체적인 아이디어를 일단 추상화한 뒤 다시 한번 구체화함으로써 최초의 아이디어와 상당한 거리가 있는 새로운 아이디어를 떠올릴 수 있다. 브레인스토밍을 할 때는 단순히 연상만 하기보다 '추상적×구체적' 사고축을 활용해 구체적인 아이디어를 떠올린다. 그러면 참신한 아이디어를 떠올릴 수 있을 뿐 아니라 아이디어의 질도 높일 수 있다.

CONCEP

PART 6

TUAL

이미지로 만들고 쪼개서
생각하는 법

전체적 × 분석적 사고축

THINKING

분석은 문자 그대로 뭉쳐 있던 것을 풀어내는 과정이며, 전체적으로 파악하는 것은

흩어져 있는 것을 통합하는 작업이다. 따라서 전체적으로 파악하는 것은 스킬이 아닌

센스에 의존하는 부분이 크다고 할 수 있다.

컨셉추얼 씽킹을 위한 첫 번째 축은 '전체적×분석적' 사고축이다. 4장에서 설명한 것처럼 현상을 대강의 이미지로 파악한 후 정량적으로 설명함으로써 이미지를 명확히 표현하는 사고방식이다. 이 과정을 반복하면 이미지 차원의 사고를 통해 결론을 낼 수 있다. 쉽게 이야기하면 전체적인 이미지 파악과 정량적인 분석을 반복하는 사고축이라고 할 수 있다.

3장에서 언급한 바와 같이, 컨셉추얼 스킬을 제창한 로버트 카츠는 '기업을 전체적으로 파악할 수 있는 능력'을 컨셉추얼 스킬이라고 정의했고 다음과 같은 3가지 조건을 제시했다.

① 조직의 전 기능이 서로 어떻게 상호작용하는지, 또는 그중에서 기능 하나가 변하면 전체 시스템에 어떤 영향을 주는지 인식할 수 있음

② 개별 사업이 산업, 지역사회, 더 나아가 국가의 정치적, 사회적, 경제적 요인과 어떤 역학관계를 갖는지 명확하게 그릴 수 있음

③ 이와 같은 상호관계를 인식해 어떤 상황에 처하더라도 중요한 요소가 무엇인지 식별할 수 있다면, 리더는 조직 전체의 총체적 복지에 도움이 되는 방향으로 행동할 수 있음

즉 '전체 최적화'를 할 수 있는지 여부가 컨셉추얼 스킬의 조건인 것이다. 컨셉추얼 스킬의 중심은 '추상적×구체적' 사고축이라고 하는 사람도 있지만, 카츠가 제시한 조건을 보면 '전체적×분석적' 사고축도 이에 못지않게 중요하다는 것을 알 수 있다. 오히려 전체적

×분석적 사고축이 본질적인 요소라고 해도 과언은 아니다.

카츠가 내린 정의는 기업 전체에 해당하는 것이지만 사업부장은 사업부 전체를, 부장은 부部 전체를, 과장은 과課 전체를 파악하는 능력을 가지고 있으면 된다. 마찬가지로 CTO(최고기술책임자)라면 기업 전체는 아니더라도 기술분야 전체를, CIO(최고정보책임자)라면 정보기술 전체를, CMO(최고마케팅책임자)라면 시장의 흐름 전체를 파악할 수 있으면 된다. 기업과 사업 자체를 축소해놓은 듯한 프로젝트의 경우 프로젝트의 전체적인 흐름을 파악할 수 있다면 컨셉추얼 스킬을 갖추고 있다고 할 수 있다. 즉 사업부를 이끌든 기술분야를 이끌든 컨셉추얼 스킬의 조건 측면에서는 위에서 언급한 3가지와 크게 다르지 않을 것이다.

특히 개별 조직과 전체의 관계를 이야기한 ①과 상호관계를 이야기한 ③은 글자 하나 바꾸지 않고 그대로 적용할 수 있다. 즉 자신이 이끌고 있는 부서 내에서 일어나는 일과 외부환경 간의 관계를 머릿속에 그릴 수 없다면 성과를 낼 수 없고, 계속해서 성과를 내지 못하면 부서의 발전을 꾀할 수 없다는 것이 카츠가 이야기하고자 했던 것이다.

그렇다면 전체적으로 사고한다는 것의 의미는 무엇일까. '이미지'로 파악하는 것이다. 좀더 풀어서 설명하면 다음과 같다.

- 한마디로 표현하면 (개념적)
- 상호관계를 하나의 그림으로 표현하면 (구조적)

전체적으로 파악한다는 것은 개념적이면서도 구조적으로 파악하는 것이나 마찬가지다. 반면 분석적으로 생각한다는 것은 앞에서 언급한 3가지 조건을 실천해 관계를 명확히 드러내는 것을 의미한다. 즉 전체를 구성하는 요소와 각 요소 사이의 관계를 생각하고 명확히 설명하는 것이다. 그리고 만약 요소 또는 요소 간의 관계가 달라질 경우 전체에 어떤 영향을 줄 것인지 다시금 전체적으로 파악하는 것, 이것이 바로 전체적 사고와 분석적 사고를 넘나드는 사고방식이다.

다시 말해 세부적인 현상을 분석한 뒤 전체적인 경향을 파악하고, 다른 현상들도 이러한 경향에 부합하는지 확인하는 것이다. 그리고 부합하지 않으면 경향을 수정해나가는 것이다. 이러한 과정은 전체적인 경향과 각각의 현상 사이에 정합성이 확보될 때까지 반복해야 한다.

진퇴양란에 빠졌을 때

예를 들어 당신이 이 특정 상품의 사업을 전개하는 사업부장이라고 해보자. 사업부 내에는 상품을 개발하는 개발부, 상품을 판매하는 영업부, 상품을 제조하는 생산부가 있다. 어느 날 영업부장이 판매한 상품에 문제가 있다는 고객 불만을 접수했다고 보고했다. 생산부장과 이야기해보니 원인을 잘 모르겠다고 하면서 생산 과정에서 발생한 문제가 아니라 상품의 사양 문제라고 했다. 생산부장이 이야기한 대로라면 개발부의 대응이 필요한 상황이다.

한편 개발부는 상품의 개발 기한을 초과하는 바람에 '빨리 개발하지 않으면 발매 예정일에 필요한 상품 수량을 준비할 수 없다'는 생산부의 압박을 받고 있었다. 개발부장은 생산 과정에서 발생한 문제일 수도 있다고 하면서, 문제의 원인을 조사할 시간이 없다고 했다. 그리고 시간을 억지로 확보하려 할 경우 신제품의 완성도도 떨어지게 되어 결국 여기서도 고객 불만사항이 터져나오게 될지도 모른다고 했다. 이러지도 저러지도 못하는 상황이었다.

원인은 몰라도 해결해야 한다

이와 같은 상황에서 사업부장은 우선 자신의 시각에서 발생한 문제점의 전체상을 전체적으로 파악할 필요가 있다. 파악한 것을 글로 작성해보면 대강 무슨 일이 벌어졌는지 알 수 있지만, 앞에서 이야기한 것과 같이 정보가 시시각각 계속해서 들어오면 타이밍을 잡아서 전체 상황을 파악하기가 매우 어려워진다. 그러므로 다음과 같은 정보를 머릿속에 떠올리고 문제의 전체 모습을 이미지화한 뒤 대처 방법을 모색해야 한다.

• 영업, 생산, 개발, 고객이 이해관계자임

- 영업부는 고객의 불만사항을 접수했음
- 생산부와 개발부는 서로 책임을 떠넘기려 하고 있음
- 문제의 발생 원인이 불분명함

원인을 확인하기 전에는 아무것도 할 수 없다고 생각하는 사람은 사업부장으로서 자격이 없다.

통으로 이미지를 만들고 각각 쪼개라

여기서 전체적인 모습을 이미지화한다는 것은, 예를 들어 '사내에서 각 부문장이 서로 책임을 떠넘기려 하고 있고 그동안 고객의 불만은 더욱 증폭되고 있다'는 전체적인 상황을 파악하는 것을 의미한다. 전체적인 상황을 파악하는 것은 문제의 본질을 파악하는 것이기도 하다.

그리고 이와 같이 전체적으로 파악한 후에는, 예를 들어 '문제의 원인을 분석하는 것보다 고객 불만에 대한 대응이 먼저'라고 판단했다면 영업부와 함께 고객을 찾아가서 사죄하고 불편한 부분이 무엇인지 들어봐야 한다. 그리고 고객에게서 정보를 얻은 후에는 이를 바탕으로 관계자를 불러 모아 문제의 원인을 상세하게 분석해야 한다. 문제의 원인이 확인됐다면 전체적으로 보고 무엇을 해야 재발을 방지할 수 있을지를 생각해야 한다. 즉 여기서부터 다시 분석에 들어가는 것이다.

예를 들어 생산담당자의 부적절한 작업이 문제의 원인이었다고 해보자. 그러나 문제를 겪는 고객이 있는가 하면 그렇지 않은 고객도 있는데, 그 차이는 영업사원이 고객에게 정확하게 설명했는지 여부에 있었다고 해보자. 좀더 자세히 파악해본 결과, 상품에 관한 개발자의 설명을 제대로 이해한 영업사원과 그렇지 않은 영업사원이 있다는 사실을 알게 됐다.

이와 같이 분석함으로써 생산부가 부적절한 작업을 하지 않도록 룰을 정하는 등의 미시적인 대처뿐만 아니라 거시적으로 가장 효과적인 방안을 도출할 필요가 있다. 즉 전체적인 사고가 필요한 것이다.

전체적인 사고의 기본인 '전체를 보는 것'이 구체적으로 어떤 것인지 궁금해하는 사람들이 있는데, 이에 대해서는 11장의 '5가지 사고축의 통합'과 관련한 부분에서 상세히 설명하겠다. 여기서 한 가지 유의해야 할 것은, 사업부를 예로 들었지만 의견 대립이 발생한 조직이라면 어디서든 이와 같은 사고방식을 적용할 수 있다는 사실이다. 예를 들어 이와 유사한 문제는 프로젝트 내에서 발생할 수도 있고, 하나의 부서 내에서 여러 입장이 대립하는 형태로 나타날 수도 있다.

타당성은 쪼개야 알 수 있다

전체적인 사고에 대해 부정적인 시각으로 바라보는 사람이 적지 않은 반면, 오히려 전체적으로만 판단하고 결론을 내는 사람들 또한 적지 않다. 이는 오로지 분석적으로만 사고하는 경우보다 더욱 바람직하지 않다. 흔히 '나무를 보는 사람, 숲을 보는 사람'이라고들 이야기하는데 나무와 숲을 모두 보지 못하면 적절히 판단할 수 없다. 특히 리더의 위치에 있는 사람들은 반드시 숲을 볼 수 있어야 한다. 현상 하나하나를 보다가는 다 볼 수 없기 때문에, 전체적인 흐름을 전체적으로 이미지화해 파악해야 한다. 그러나 가장 중요한 것은 전체적으로 파악한 내용의 타당성을 분석적으로 체크하는 작업이다. 그리고 그 결과 무언가 이상한 점이 발견되면 전체 이미지를 수정하는 것도 중요하다.

이처럼 전체적인 사고와 분석적인 사고를 번갈아가면서 하지 않으면 뜬구름 잡는 대책을 내놓을 가능성이 큰 만큼 주의할 필요가 있다.

때로는 기술보다 감각에

'전체적×분석적' 사고가 '추상적×구체적' 사고와 무엇이 다르냐는 질문을 자주 받는다. 전체적으로 파악하려면 상황을 추상화해야 하고, 상황을 분석하려면 구체적으로 생각해야 하니 당연히 궁금하게 여길 수밖에 없다. 이 질문에 대한 답은 어떤 의미에서는 컨셉추얼 씽킹의 본질 그 자체라고 할 수 있다.

전체적 사고와 추상적 사고의 차이는 본질을 파악하는 방법에 있다. 전체적으로 파악한다는 것은 본질을 파악하는 것과 다름없다. 바꿔 말하면 본질이 무엇인지를 생각하고 본질을 중심으로 전체를 바라보는 것이 전체적 사고다.

반면 추상이란 일반론으로 이야기하자면 본질과는 관계가 없다. 그러나 컨셉추얼 씽킹에서는 추상화 과정에 단순화가 포함된다. 이는 전체적으로 현상을 파악하는 것과 거의 비슷해 보이지만 추상적 사고는 바텀업Bottom-up인 반면, 전체적 사고는 탑다운top-down이라는 점에서 서로 다르다. 다시 말해 전체적으로 파악한다는 것은 본질을 중심으로 전체를 파악하는 탑다운 형태의 사고방식이라고 이야기할 수 있다. 따라서 이는 리더가 갖춰야 할 매우 중요한 스킬이다.

한편 분석이란 전체적으로 파악한 본질을 중심으로 개별 요소 간의 관계가 어떤지를 살펴보는 것이다.

분석은 문자 그대로 뭉쳐 있던 것을 풀어내는 과정이며, 전체적으로 파악하는 것은 흩어져 있는 것을 통합하는 작업이다. 따라서 전체적으로 파악하는 것은 스킬이 아닌 센스에 의존하는 부분이 크다고 할 수 있다. 이처럼 전체적 사고와 분석적 사고를 넘나들며 할 수 있어야 한다.

작은 변수에 휘둘리지 않는 법

전체적 사고와 분석적 사고는 각각 어떤 특징이 있는지 생각해보자. 전체적으로 사고할 때는 분석을 하지 않는 반면, 분석적으로 사고할 때는 각 부분을 자세히 뜯어봐야 한다는 점이 가장 큰 특징이다. 이 때 분석은 구성요소 하나하나 들여다보는 것을 의미한다.

두 번째 특징은 전체적인 사고는 경향을 파악하는 데 적합한 반면, 분석적 사고는 현상을 파악하는 데 적합한 방법이라는 점이다. 예를 들어 무언가 문제가 터졌을 때 먼저 전체적으로 어떤 경향을 보이는지 파악한 다음 개별 문제에 왜 발생했는지 생각해보는 것이 바람직하다.

세 번째 특징은 그 연장선상에 있다. 전체적인 사고를 잘하면 개별 현상에 의해 휘둘리지 않고 균형감 있게 생각을 펼칠 수 있다. 분석적인 사고에 너무 얽매이면 개별 현상 하나하나에 휘둘려 올바른 판단을 할 수 없게 되므로 각별한 주의가 필요하다.

마지막 특징은, 전체적으로 파악한 내용이 모든 세부적인 부분에 100% 들어맞지는 않는다는 점이다. 대략적인 이미지로 파악하기 때문에 일부 특징적인 부분에는 들어맞더라도 모든 부분에는 들어맞지 않을 수 있다는 점에 주의해야 한다. 따라서 분석적인 사고를 병행할 필요가 있다. 이상의 내용을 요약한 것이 도표 6-1이다.

전체적 사고

- □ 분석하지 않고 생각함
- □ 경향을 파악함
- □ 개별 현상에 의해 휘둘리지 않음
- □ 모든 부분에 들어맞을 것이라고 는 할 수 없음

분석적 사고

- □ 각 부분을 분석함
- □ 현상을 파악함
- □ 개별 현상을 중시함
- □ 부분만 떼어놓고 보았을 때는 타 당한 경우가 많음

잦은 교통사고를 막아라!

이러한 특징을 염두에 두고, 도표 6-2의 예시를 통해 '전체적×분석적' 사고 과정을 짚어보자. 예시는 교통사고 방지 방법에 대한 것으로, 문제해결을 위해 전체적×분석적 사고축을 활용해보자.

우선 전체적으로 '교통사고를 줄이려면 운전자에게 어느 정도 긴장감을 불어넣어야 한다'고 생각했다고 해보자. 이는 아직 모호한 생각이며 이미지 그 자체라고 볼 수 있다. 이를 바탕으로 조금 분석적으로 생각해본다. 예를 들어 '긴장감을 불어넣는 방법으로는 단속 강화, 시각 및 체감 효과 제공' 등이 있다.

이렇게 분석한 뒤에는 '더욱 효과적으로 긴장감을 불어넣으려면 몇 가지 방법을 조합해야 한다'고 전체적으로 생각한다. 이것이 사고 전개의 방향성으로 작용하기도 한다. 그다음으로 조합하는 방법에 대해 분석적으로 생각해 '체감 효과를 제공하는 것과 단속을 조

합하면 효과가 있다'고 판단한다. 여기서 주의해야 할 점은, 이것은 어디까지나 조합한 것을 요소로서 분석한 것일 뿐이지 구체적인 방법을 언급한 것은 아니라는 점이다.

따라서 조합하는 방식에 대해 다시 한 번 전체적으로 판단한다. 예를 들어 '상시적 방법과 일시적 방법으로 분류하고 나서 조합해야 한다'고 결정했다고 해보자. 여기서 또 한 번 분석해 '체감 효과를 상시 제공하는 것과 시각 효과를 일시적으로 제공하는 것을 조합하자'는 결론을 내렸다고 해도 아직 내용이 구체적이라고 할 수

도표 6-2 '교통사고 방지 방법'을 찾기 위한 문제해결 예시

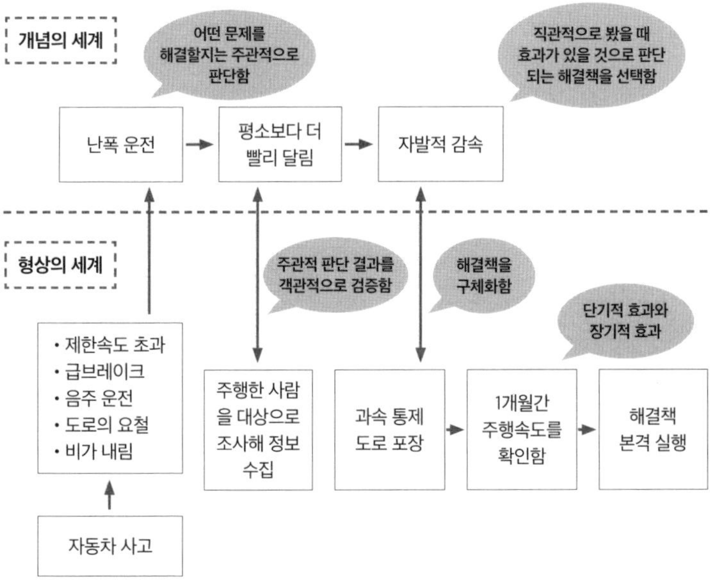

는 없다. 어디까지나 분석일 뿐이므로, 전체적인 사고를 기반으로 행동하고 싶다면 '추상적×구체적' 사고축을 통해 이를 더욱 구체화할 필요가 있다. 이에 대해서는 뒤에서 별도로 설명하겠다.

CONCEP

PART 7

TUAL

추상적으로
구체화시키는 법

추상적 × 구체적 사고축

THINKING

사고한다는 것은 추상적으로만 생각하는 것이 아니라,

추상적 사고와 구체적 사고를 넘나들면서 하는 것이라고 해도 과언이 아니다.

즉 무언가를 추상적으로 생각했다면 그 결과에 대한 몇 가지 '사례'를 구체적으로

떠올려본 후 사례를 다시 추상화해 생각을 좀더 전개해 나가는 것이다.

컨셉추얼 스킬의 기본은 추상적인 것과 구체적인 것 사이를 넘나들 수 있는 능력에 있다. 4장에서 설명한 것처럼 '추상적×구체적' 사고축은 컨셉추얼 씽킹의 기본 요소 중 하나다. 추상적×구체적 사고축의 상세 내용과 특징을 살펴보자. 한마디로 이야기하면 이렇게 정리된다.

현상을 추상적으로 사고(문제해결 및 의사결정)한 뒤 그 결과를 여러 가지 구체적인 행동으로 옮김으로써 현상을 통해 바로 얻기 힘든 결론을 도출할 수 있는 사고방식이다.

무언가를 생각한다는 것은 기본적으로 '추상적으로 생각한다'는 것을 의미한다고 할 수 있다. 그러나 사람들은 흔히 '무언가를 생각하려면 구체적으로 하라'고 이야기한다. 이 때문에 어떻게 해야 할지 갈피를 못 잡다가 결국 생각하는 행위 자체를 멈추고 만다. 이번에는 바로 이에 대한 이야기부터 해보고자 한다.

추상적이면 안 된다?!

흔히들 추상적인 것은 바람직하지 않다고 이야기한다. 왜일까. 내가 주관하는 세미나에서는 참석자들의 긴장감을 풀어주기 위해 이 주제를 맨 처음에 다루고는 하는데, 대체로 추상적인 것이 바람직하지 않다고 생각하는 이유로 다음과 같은 이유들이 제기된다.

- 무엇을 이야기하는지 알 수 없기 때문에
- 사람마다 단어의 의미와 해석이 다르기 때문에
- 행동으로 연결되기 어렵기 때문에

다만 참석자 중에 사업기획이나 경영기획 담당자가 있으면 분위기가 조금 바뀐다. '추상적인 것이 왜 바람직하지 않다는 말이냐?'라는 것이다. 이는 현장에서 일하는 사람들의 가치관일 뿐 사업기획·경영기획 담당자의 시각으로 보면 그렇지 않은 것 같다.

컨셉추얼 스킬을 갖춘 독자라면 이미 눈치 챘겠지만, 추상적인 것은 좋지 않고 구체적인 것은 바람직하다고 딱 잘라서 이야기할 수 없다. 그리고 둘 중 어느 쪽을 중시할지는 본인이 처한 입장과 상황 그리고 성격에 따라 달라진다.

왜 추상적인 사고가 필요한가

추상적으로 생각해야 하는 상황이 따로 있으며, 추상과 구체 중 어느 쪽이 더 중요한지는 사고의 목적에 따라 달라진다. 예를 들어 제품을 개발할 때 구체적인 수준에서만 논의할 경우 이를 통해 할 수 있는 것은 단지 '개선'뿐이다. 구체적인 관점만 가지고 아이디어를 짜낸 결과가 바로 갈라파고스화된 제품인 것이다. 제품의 본질적인 기능과 가치처럼 추상적인 특징에 주목하고, 이러한 관점에서 어떤 새로운 제품을 내놓아야 할지를 조금이라도 고민했다면 갈라파고스화된 제품을 내놓는 일은 애초에 없었을 것이다.

고객과 시장의 목소리를 구체적인 요구사항으로 받아들인 결과 잘 팔리지 않는 제품을 개발하고 말았다는 이야기를 종종 듣는다. 이는 고객이 원하는 바가 무엇인지 본질적으로 파악했다면 겪지 않아도 될 일이었다.

납득하는 것과 이해하는 것의 차이

이와 같은 사례를 보면 구체적인 것이 좋다는 말이 항상 타당하지는 않다는 것을 알 수 있다. 그렇다면 구체적인 것이 좋다고 여겨지는 이유는 무엇일까. 추상적인 것보다 이해하기 쉽고 그만큼 행동으로 옮기는 것도 용이하기 때문이다. 구체적일수록 이해하거나 머릿속에 떠올리기 쉽다는 것은 분명한 사실이다. 따라서 납득하기도 쉽다. 다만, 납득하는 것과 이해하는 것은 엄연히 다르다.

가령 '사용자가 원하는 스마트폰 해상도는 4K UHD'라고 하면 납득할 수는 있지만, 이것만으로 고객의 요구사항을 '이해'했다고 보기는 어렵다. 고객이 진정 원하는 것을 파악하려면 '왜 4K UHD 일까?'라는 질문을 던져 '사진을 더욱 리얼하게 보고 싶다'는 등의 답을 끌어내야 한다.

이 역시 매우 추상적인데 '리얼'하다는 것의 의미를 깊이 있게 생각해보지 않으면 고객이 원하는 것이 무엇인지 제대로 이해할 수 없다. 이러한 과정을 통해 개발된 것이 바로 아이폰이다. 추상적인 레벨에서 고객의 니즈를 충분히 이해하고 그 결과를 제품에 반영한 것이다.

가장 조심해야 할 것은 고객이 바라는 바를 제대로 이해하지 못한 채 납득만 하고 끝내버리는 경우다. 고객의 요구사항을 잘 반영했는데도 팔리지 않는 제품을 내놓게 되는 것은 이 때문이다. 구체적으로만 사고하면 이런 결과를 초래하기 쉽다. 단 마지막에 가서는 구체적인 형태로 제작해야 하므로 요구사항과 제품사양을 구체화하지 않을 수 없다.

이러한 모순을 어떻게 받아들이면 좋을까. 4장에서 설명한 것처럼 추상적 사고와 구체적 사고를 넘나들며 할 줄 알아야 한다. 사고한다는 것은 추상적으로만 생각하는 것이 아니라, 추상적 사고와 구체적 사고를 넘나들면서 하는 것이라고 해도 과언이 아니다. 즉 무언가를 추상적으로 생각했다면 그 결과에 대한 몇 가지 '사례'를 구체적으로 떠올려본 후 사례를 다시 추상화해 생각을 좀더 전개해나가는 것이다.

이와 같은 사고 과정을 거치면 추상적으로 생각한 결과에 대한 구체적인 아이디어가 항상 따라오기 때문에 행동으로 옮기기도 쉽다. 이것이 컨셉추얼 씽킹의 기본적 사고방식이다.

어디까지 추상화할 것인가

사고 프로세스에 대한 이야기를 하기에 앞서 하나 더 생각해보아야 할 것이 있다. 그것은 바로 '어느 수준까지 추상화하고 구체화해야 하는지'에 관한 문제다. 예를 들어 당신이 관리하는 프로젝트의 구성원이 '작업이 일정대로 진행되지 않고 있다'고 구두로 보고했다고 가정해보자. 좀더 상세히 설명해달라고 하니 다음과 같이 이야기했다(내용이 조금 길지만 잘 읽어보기 바란다).

"2주 전까지는 일정대로 흘러갔는데, A씨의 작업이 늦어지는 바람에 2월 1일부터 이쪽의 XX 공정도 차질을 빚기 시작했습니다. 1일에는 A씨의 Y1 작업이 늦어진 탓에 X1 작업을 끝내지 못했고, 2일에는 X1 작업을 끝내긴 했지만 컨디션이 좋지 않아 X3 작업은 일정대로 끝내지 못하고 조퇴하고 말았습니다. 3일에는 X3 작업을 끝내고 X4 작업을 시작하려 했지만 A씨의 Y3 작업이 늦어져 결국 끝내지 못했습니다(중략). 어제는 X8 작업을 완료했지만 X11 작업은 다 하지 못했습니다. 여기까지가 작업이 지연되기 시작한 날부터 어제까지의 경위입니다."

매우 구체적으로 보고했지만 상황이 한눈에 들어오지 않는다. 이런 보고를 받는 사람들 중 대부분은 내용을 잘 이해하지 못해 A4용지에 그림이나 표로 그려서 다시 설명해달라고 할 가능성이 크다. 구체적일수록 이해하기 쉬울 것이라고 생각하기 쉽지만, 지나치게 구체적이면 이해는커녕 납득조차 하기 어려워진다. 따라서 이를 조금 추상화해 그림이나 표로 그려달라고 하고 싶어지는 것이다. 그렇게 해야 이해하기 쉬워지기 때문이다.

이에 '한마디로' 어떤 상황인지 묻는다면 '작업이 일정보다 지연되고 있다'는 제일 처음에 했던 것과 동일한 이야기를 하게 될 것이 분명하다. 이것 또한 추상과 구체가 초래하는 모순이라고 할 수 있다.

추상화의 2가지 특징

그렇다면 이제 2가지를 이야기할 수 있다.

첫 번째는 추상화 수준에는 적정치가 있다는 것이다. '작업이 일정보다 지연되고 있다'는 말은 지나치게 추상적이고, '2주 전까지는 일정대로 흘러갔는데 A씨의 작업이 늦어지는 바람에 2월 1일부터 이쪽의 XX 공정도 차질을 빚기 시작했다. (중략) 여기까지가 작업이 지연되기 시작한 날부터 어제까지의 경위다'까지는 지나치게 구체적이다. 그리고 중요한 것은, 적정치는 정보의 활용 목적에 따라 달라진다는 점이다. 즉 진행 경과를 보고하는 상황이라면 진척상황을 설명하기에 적절한 추상화 수준이 있다는 이야기다. 앞의 보고 내용을 예로 들면 '2월 1일부터 A씨의 작업이 늦어지기 시작해서 2월 5일에는 거의 하루 분량의 업무가 지연됐다. 그 이후에도 계속해서 늦어지는 바람에 어제 기준으로 거의 3일 분량의 일이 밀렸다.'라고 설명하면 진척관리를 하는 사람 입장에서 필요로 하는 정보를 전달한 것이기 때문에 추상화 수준도 적정하다고 할 수 있다.

더 중요한 두 번째는 추상화만 해서는 안 되는 것처럼 구체화만 해서도 안 된다는 점이다. 예를 들어 진척 현황이라면 다음과 같이 추상적인 내용과 구체적인 내용을 항상 한 세트로 생각하는 것이 중요하다.

2월 5일 기준으로 하루 지연

X1 작업 ○시간 지연

X3 작업 △시간 지연

즉 '2월 5일 기준으로 하루 지연'이라는 추상적인 내용과 함께 'X1 작업 ○시간 지연'과 'X3 작업 △시간 지연'이라는 구체적인 내용을 항상 의식해야 하는 것이다. 바꿔 말하면 추상적인 사고와 구체적인 사고를 넘나들며 해야 한다는 것이다.

일반화, 단순화, 구조화하라

추상적인 사고와 구체적인 사고를 넘나들며 할 수 있으려면 구체적으로 어떻게 해야 할까.

많은 사람들이 추상화를 어렵게 생각하고 있지만 알고 보면 그렇

도표 7-1 추상화 방법

일반화	구체적인 현상 하나하나를 상위 개념인 일반 현상으로 치환하는 방법
단순화	목적에 부합하는 부분만 추리고 나머지는 무시하는 방법
구조화	구체적인 현상 간의 관계와 구조를 명확히 드러내는 방법

게 어렵지 않다. 추상화하는 방법으로는 기본적으로 3가지가 있다
(도표 7-1).

첫 번째 방법은 '일반화'다. 구체적인 현상 하나하나를 상위 개념
인 일반 현상으로 치환하는 방법이다. '개 → 포유류 → 동물 → 생
물'로 점차 추상화해나가는 것이 대표적인 예다.

두 번째 방법은 '단순화'다. 단순화는 목적에 부합하는 부분만 추
리고 나머지는 무시하는 방법이다. 본질을 끌어내는 데 적합한 추상
화 방법이라고 할 수 있다.

세 번째 방법은 '구조화'다. 이는 구체적인 현상 간에 존재하는
관계와 구조를 명확히 드러내는 방법이다. 전체 주제와 관련이 있는
현상을 추려내고 그다지 관계가 없는 것 같은 현상은 무시함으로써
단순화하는 것이다. 이런 의미에서는 단순화를 포함하고 있는 방법
이라고도 할 수 있다.

현상을 분석할 때 패턴을 발견하는 경우도 있는데 이것이 바로
구조화다. 앞의 진척상황 보고에서 본 추상화 사례는 단순화를 포함
한 구조화 결과라고 할 수 있다.

추상적 사고와 구체적 사고를 넘나들려면 추상화뿐만 아니라 구체화도 필요하다. 예를 들어 개를 추상화하면 포유류가 되지만 포유류를 구체화하면 그 결과가 반드시 개인 것은 아니다. 고양이와 원숭이도 포유류이기 때문이다. 즉 구체화의 포인트는 얼마나 자유로이 생각할 수 있는가에 있다. 그런 의미에서 상상력이 큰 역할을 한다고 할 수 있다.

추상화하고자 할 때는 이러한 내용을 고려해야 한다. 즉 구체적인 현상을 추상화한 뒤 전체적인 경향과 상이한 구체적 사례를 고려해 다시 한번 추상화하는 것이다. 그리고 필요하면 추상적인 모델을 수정해나가야 한다. 이와 같은 과정을 반복해 추상적 내용과 구체적 내용 사이에 정합성이 확보될 때까지 깊이 있게 사고해야 한다.

추상화하면 구체적인 현상이 보인다

이처럼 자유로이 생각을 펼쳐나가려면 구체적인 사고에 속박되지 않고 추상적인 사고와 구체적인 사고 사이를 마음대로 넘나들 수 있어야 한다. 그러면 각 사고방식의 특징이 무엇인지 정리해보자.

첫 번째 특징은, 추상적인 것은 이해하기 어렵고 구체적인 것은 이해하기 쉽다는 것이다. 현상을 설명할 때 구체적으로 사고하는 것이 선호되는 이유이기도 하다.

두 번째 특징은, 추상적인 것은 응용하기 쉽지만 구체적인 것은 응용하기 어렵다는 것이다. 이는 첫 번째 특징과 떼려야 뗄 수 없는 특징이다. 예를 들어 벽을 흰색 페인트로 칠하라고 지시했다면 흰색 페인트로 칠하는 것 외에는 선택지가 없다. 그러나 다른 조건 없이 단지 '벽에 페인트칠을 하라고'만 했다면 무슨 색으로 칠할지는 칠하는 사람의 재량에 맡기게 되는 것이다. 이해하기 쉽지만 응용하기는 어려운 것이 구체이고, 이해하기 어려워도 응용하기는 쉬운 것이 추상이다. 이를 잘 구분해야 자유로이 생각을 전개해나갈 수 있다.

그 배경에 있는 것이 바로 세 번째 특징으로, 구체적으로 사고할 때는 상세 조건을 고려하지만 추상적으로 사고할 때는 조건을 고려하면 제대로 추상화할 수 없다. 반면 구체화할 때는 문제해결에 도움이 되는 조건을 선택할 수 있는 센스가 필요하다.

네 번째 특징은, 당연한 이야기지만 구체적으로 생각하면 현상 하나하나에 대응해야 한다는 것이다. 예를 들어 문제해결 시에는 작은 문제에 하나하나 대응하려다 보니 두더지잡기처럼 중구난방으로 일을 처리하기 쉽다. 그러나 추상적으로 대응하면 유사한 문제끼리 분류해서 처리하게 되어 문제가 재발하는 것을 미연에 방지할 수 있다.

구체적인 사고가 가장 필요한 경우는 문제를 발견하고 검증해야 할 때다. 이는 사실을 기반으로 구체적인 행동으로 옮길 필요가 있는 일이다. 추상적인 사고가 바람직하지 않다는 생각은 이러한 특징을 제대로 이해하지 못한 데서 비롯된다.

지금까지 설명한 내용을 도표 7-2와 같이 정리했다.

도표 7-2 추상화와 구체화

추상적 사고	구체적 사고
□ 이해하기 어려움	□ 이해하기 쉬움
□ 응용하기 쉬움	□ 응용하기 어려움
□ 조건을 고려하지 않고 생각함	□ 조건을 고려해 생각함
□ 분류하고 정리해 대응함	□ 하나하나씩 개별적으로 대응함
□ 문제를 해결하기에 적합함	□ 문제를 발견하기에 적합함

가상 과속방지턱을 설치한 이유

이와 같은 특징을 바탕으로 '추상적×구체적' 사고축을 어떻게 활용하면 좋을지를 '교통사고 방지 방법'을 고안하는 사례를 통해 살펴보자.

우선 추상적인 수준에서 '운전자가 체감할 수 있는 방법을 통해 적정 수준의 긴장감을 부여하자'는 해결책을 생각했다고 하자. 그런 다음 구체적인 방법으로 과속방지턱으로 속도를 줄이게끔 하는 방법을 상정한다. 그러면 '과속방지턱 때문에 소음이 발생하진 않을까?'라는 추상적인 문제가 새로이 등장한다. 이와 같은 생각을 토대로 가상 과속방지턱을 설치하는 것으로 아이디어를 약간 변경한다. 그런 뒤에 가상 과속방지턱을 설치하면 안전성 측면에서 괜찮을지를 추상적으로 평가한 뒤 '일반 도로와 동일하므로 문제가 없고, 속도를 줄일 수 있게 하기 때문에 안전성이 오히려 제고된다'고 구체적으로 판단한다.

　이처럼 추상적 사고와 구체적 사고를 번갈아 하면 적절한 해결 방법을 도출할 수 있다. 여기서 주의해야 하는 것은 실행할 내용은 반드시 구체적이어야 한다는 점이다. 이 부분에서 혼동하면 추상적인 사고가 바람직하지 않은 것이라는 편견을 갖기 쉬우므로 각별히 주의하자.

PART 8

주관적 판단을
객관화하는 법

주관적 × 객관적 사고축

주관적으로 결정한 뒤 그 결과를 객관화하면 더욱 쉽게 의사결정할 수 있다.

또한 주관적으로 생각하면 생각의 틀에서 일단 벗어날 수 있으므로

자유로이 생각을 펼치는 데 도움이 된다.

객관은 주관에서 시작한다

컨셉추얼 씽킹의 세 번째 구성요소는 '주관적×객관적' 사고축이다. 이는 자신의 가치관을 바탕으로 사고한 뒤 그 결과가 타당한지를 제삼자의 시점을 통해 검증하고 조정하는 사고방법이다. 이러한 과정을 반복함으로써 누구라도 공감할 수 있는 결론을 얻을 수 있게 된다.

일반적으로 비즈니스 상황에서는 주관적 사고가 바람직하지 않은 것으로 간주되고는 하는데 이에 대해서는 뒤에서 좀더 상세히 논의하기로 하자. 우선 객관적, 주관적이라는 말이 의미하는 바를 사전적으로 짚어보면 다음과 같이 풀이된다.

객관적

1. 주관 또는 주체로부터 떨어져나와 독립적으로 존재하는 것

2. 특정한 입장에 서지 않고 사물과 현상을 관찰하거나 생각하는 것

주관적

1. 표상과 판단이 개인이나 사람 사이의 심리적 성질에 의존하는 것

2. 자기 자신의 세계관에 의존하는 것

즉 객관적이라는 것은 자신과 타인의 특정한 입장과 가치관에 의존하지 않고 사물과 현상을 관찰하거나 그에 대해 생각하는 것을

의미한다. 그리고 주관적으로 생각한다는 것은 자신의 입장에서 보거나 생각하는 것을 뜻한다.

좀더 생각해보자. 특정한 입장에 서지 않는다는 것은 무엇일까? 어떤 입장을 상상하더라도 그 입장에 서 있는 사람은 반드시 있게 마련인 만큼, 특정 입장에 서지 않기란 매우 어렵다. 다양한 입장을 두루 고려하더라도 결론을 내리면 결국 어느 한 가지 입장을 취하지 않을 수 없다. 물론 누구라도 납득할 수 있는 결론을 도출한다면 객관성을 확보했다고 할 수 있지만, 실제로 그렇게 하기는 어렵다. 그렇다면 생각과 관점이 객관적인지 아닌지를 어떻게 판단해야 할까.

상호주관성이라는 교집합

이와 관련한 흥미로운 개념이 있다. 바로 '상호주관성'이다(도표 8-1). 상호주관성이라는 용어를 검색해보면 다음과 같은 내용을 확인할 수 있다.

'여러 주관 사이에서 공통적으로 성립하는 것', '객관성의 기초가 되는 것', '자신과 타인을 전제로 하는 공동화된 주관성', '에드문트 후설 등 현상학파가 주창한 개념으로, 지식·과학·문화 등은 간주관성을 기초로 함.' 여기에 좀더 보충하자면, 앞에서 이야기한 객관성은 당사자와 비당사자 모두가 공통적으로 인식하는 것을 의미하지만, 실제로 비당사자도 공통적으로 인식했는지는 이론적으로만 확

도표 8-1 상호주관성

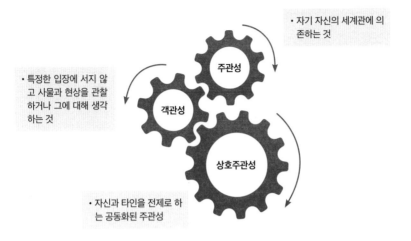

- 자기 자신의 세계관에 의 존하는 것

- 특정한 입장에 서지 않 고 사물과 현상을 관찰 하거나 그에 대해 생각 하는 것

주관성

객관성

상호주관성

- 자신과 타인을 전제로 하 는 공동화된 주관성

인할 수 있을 뿐이다. 이에 따라 '당사자들만의 공통 인식'이라는 의 미의 '상호주관성'이라는 개념이 등장했다.

주관성과 객관성에 대한 논의에 상호주관성이라는 개념을 대입 했을 때 우선 생각할 수 있는 것은 비즈니스 상황에서 '객관성을 확 보해야 한다'는 이야기는 결국 '상호주관성을 확보해야 한다'는 말 과 다르지 않다는 사실이다.

예를 들어 프로젝트가 일정을 준수하지 못하고 있고, 당초 계획 한 일정보다 10% 이상 지연되면 어떤 조치를 취하는 것이 기본 원 칙이라고 가정해보자. 이때 '일정 지연'이라고 하는 주관적 판단이 개입되기 쉬운 부분을 객관화할 필요가 있다. 만약 일정보다 10% 이 상 지연되지 않았지만 프로젝트 리더가 '이대로 진행하기에는 위험이 크다'고 판단한다면 어떨까. 주관적인 의견이니 무시해도 될까. 그렇지 않다. 리더가 이처럼 판단했다면 대처해나가는 것이 맞다.

여기서 한 가지 생각해야 할 것은, 일정 지연이라는 문제가 발생했을 때 이를 문제라고 인식하는 것은 본질적으로 '주관적'이라는 점이다. 각 문제마다 주체가 있으며, 주체가 만약 문제라고 판단한다면 문제인 것이고 문제가 아니라고 판단한다면 문제가 아닌 것이다. 이렇게 생각해보면 주관적인 것이 잘못된 것이라고 일률적으로 이야기할 수는 없다. 문제를 해결해야 하는 상황 외에도 주관적으로 판단하는 것이 중요한 경우가 많다.

단 주관만 밀어붙이는 것은 위험하다. 더 이상 일정이 지연되지 않도록 하려고 무언가 조치를 취하려 할 때도, 이러한 판단이 객관적으로 보더라도 타당한지 따져보아야 한다. 그렇지 않으면 '독불장군'이 될 수밖에 없다. 즉 당사자(여기서는 이해관계자)들이 문제점을 공통적으로 인식하는 것, 다시 말해 간주관성을 확보해야 한다.

그러나 프로젝트라고 해도 매번 모든 이해관계자들의 의견을 확인할 수는 없기 때문에 자기 스스로 객관적으로 판단할 필요가 있다. 이때 좋은 방법은 '○○씨의 입장에서 생각해보는 것'이다. 예를 들어 '원칙상으로는 지연이 아닌데도 지연됐다고 상사에게 이야기한다면 상사는 어떻게 받아들일까?'라고 상상해보는 것이다. 여기서 어려운 것은 상사가 어떤 주관을 가지고 있을지 깊이 있게 생각해봐야 한다는 점이다. 상대방의 입장에서 생각해보려면, 우선 상대방을 제대로 이해한 뒤 그 사람이 해당 문제를 어떻게 받아들일지 상상해볼 수 있어야 한다. 예를 들어 '상사라면 일정 지연에 대해 민감하게 받아들이겠지'라는 식으로 판단하는 것이다.

이때 주의해야 할 것은 이와 같은 판단이 추상적이라는 점이다. 이것은 '몇 % 이상 지연되어야 지연됐다고 판단할 것인가?' 하는 판단보다 더욱 애매모호한 이야기다. 이처럼 상대방을 추상적으로 이해한 뒤에는 구체적인 상황에서 그 사람이 어떻게 판단할지를 통찰해봐야 한다. 이미 이해했을 테지만, 이와 같은 '통찰'을 하려면 추상적 사고와 구체적 사고를 자유롭게 넘나들 수 있어야 한다.

사고의 출발점이나 다름없는 주관적 사고를 꺼리는 이유는 사실 추상적 사고와 구체적 사고를 제대로 하지 못하기 때문인 것으로 보인다. 추상적 사고와 주관적 사고를 넘나들며 할 수 있다면 개인과 조직 차원에서 큰 도움이 될 것이다.

주관에 대해서 좀더 생각해보자. 자신의 입장과 가치관을 바탕으로 생각하는 것이 주관이라는 것은 앞에서 설명했다. 그렇다면 '자신의 가치관'이란 무엇일까. 예를 들어 일정 지연 수준이 10% 미만인데도 위험하다고 판단했다면 그 이유는 무엇일까. 다음 장에서도 설명할 예정이지만, 이는 직관이 아닌 '논리'에 기초한 판단이라고 할 수 있다.

가령 '팀의 분위기가 좋지 않기 때문에' 그렇게 판단했다고 해보자. 이는 주관적 견해다. '팀의 분위기가 좋은지 안 좋은지'는 어디까지나 주관적인 해석이기 때문이다. 같은 팀을 보고도 분위기가 좋다고 생각하는 사람이 있는가 하면 반대로 생각하는 사람도 있다.

어떤 상태가 좋은 것인지는 사람마다 다르게 판단하기 마련이다.

'2주 전까지만 해도 1주에 1% 정도 지연돼도 얼마든지 일정을 따라잡을 수 있었는데, 최근 2주간 지연율이 7%로 급증했기 때문에 위험하다고 판단했다'고 대답했다면 어떨까. 현상 자체가 사실인 만큼 주관은 전혀 개입되지 않았다. 그러나 이러한 생각 또한 주관이라고 할 수 있다. '급격히 상황이 변하는 것은 위험하다'는 주관적인 전제를 바탕으로 판단했기 때문이다. '작업자의 실적은 등락이 심하니 지연율이 5% 정도 증가한다고 해도 이상할 것은 없다'고 판단하는 사람도 있을 테고, '상황이 급변한 것은 특별한 문제 때문인데 이를 제거하면 더 이상 걱정할 필요 없다'고 생각하는 사람도 있을 것이다. 이처럼 전제하는 바 또는 논리는 사람마다 다르다.

주관은 속도를 높인다

주관적인 사고를 함으로써 기대할 수 있는 이점은 무엇일까. 첫 번째는 의사결정 속도가 빨라진다는 점이다. 주관적으로 사고할 수 있어야 의사결정을 제대로 내릴 수 있다고 해도 과언이 아니다. 흔히 사람들은 결정을 잘못 내린다고들 하는데 그 요인 중 하나가 객관적인 것에 지나치게 집착하는 것이다. 주관적으로 결정한 뒤 그 결과를 객관화하면 더욱 쉽게 의사결정할 수 있다. 또한 주관적으로 생각하면 생각의 틀에서 일단 벗어날 수 있으므로 자유로이 생각을

컨셉추얼 씽킹

펼치는 데 도움이 된다. 이는 혁신과 같이 새로운 것을 생각하려 할 때 큰 도움이 된다. 리더로서 팀 구성원들이 '주관적×객관적' 사고 축을 활용해 생각하도록 장려하면, 구성원들은 더욱 다양하고 풍성한 아이디어를 내놓을 수 있게 될 것이다. 물론 이러한 효과를 기대하려면 주관적으로 생각한 것을 객관화하고 주관적 사고와 객관적 사고가 균형을 이루게 해야 한다는 것은 굳이 말할 필요도 없다.

상황은 주관적으로, 결과는 객관적으로

지금까지는 주관을 자기만의 생각과 의견을 의미한다는 뉘앙스로 설명했는데, 물론 이것이 전부는 아니다. 주관적인 의견 중에서 가장 두드러진 것은 '좋고 싫음'이다. 비즈니스 세계에서 주관에 휘둘리지 말라고 하는 것은 곧 좋고 싫음에 휘둘리지 말고, 싫더라도 상황을 객관적으로 보고 판단하라는 의미다. 좀더 넓은 의미에서는 감정에 휘둘리지 말라는 것이다.

한편 감정이라는 것은 동기부여와도 관련이 있다. 결정한 것이 만족스럽다면 정말 열심히 실행할 테고 불만족스럽다면 100% 몰입할 수 없을 것이다. 팀 단위로 의사결정을 할 때는 팀원 모두가 납득할 때까지 철저히 갑론을박할 필요가 있다고 한다. 이는 팀이 추진하고자 하는 일에 불만을 갖는 팀원이 단 한 명이라도 있으면 팀워크를 발휘하기 어렵기 때문이다. 그렇다고 해서 멸사봉공이 지나쳐

무조건 개인의 감정을 억누르면 좋은 결과를 얻을 리 만무하다. 따라서 감정의 이점을 잘 살리는 방향으로 일을 추진해야 하며, 그렇게 하기 위해서는 개개인의 감정을 존중해야 한다.

물론 처음부터 끝까지 감정으로만 일관해서는 안 된다. 감정적으로 생각한 결과물에 대해서는 주요 관계자의 의견을 들어보고 객관적으로 판단해야 한다. 그리고 이를 바탕으로 다시 한 번 자기가 선호하는 방안을 찾아나가는 형식으로 감정(주관)적 사고와 객관적 사고 사이의 균형을 잡아나가야 한다. 좀더 구체적으로 설명하면, 상황을 주관적으로 판단한 뒤 그 결과를 객관적으로 평가해야 한다는 것이다. 만약 문제가 있다면 주관적으로 생각한 것을 다듬어나가면서 이 정도면 균형감 있게 판단한 것이라고 할 수 있는 시점에서 결론을 내야 한다.

모두가 납득하는 생각은 없다

이처럼 주관적으로 사고하려면 주관과 객관 사이를 자유로이 넘나들면서 사고할 수 있어야 한다. 주관과 객관의 특징이 각각 어떤지 정리해보자.

우선 가치관 측면에서, 주관적 사고는 자신의 가치관을 바탕으로 하며 객관적 사고는 상식과 같은 공통적 가치관을 바탕으로 한다. 주관적으로 사고할 때는 자기 자신의 가치관이 전제가 되며, 객

컨셉추얼 씽킹

관적으로 사고할 때는 제삼자의 관점과 가치관이 전제가 된다. 이때 여러 사람의 의견을 청취하는 것이 좋은 방법이다. 한편 주관적이라고 해서 논리가 없는 것은 아니다. 주관적 사고든 객관적 사고든 논리는 있기 마련이다. 다만 주관적 논리는 자신만의 전제를 바탕으로 한 논리인 반면, 객관적 논리는 누구라도 납득할 수 있는(보편성이 있는) 전제를 바탕으로 한다. 이런 의미에서 객관은 '이론' 그 자체라고 할 수 있다. 물론 주관이라고 해서 이론적으로 모순되는 것은 아니다. 이론적으로 모순이 있는 주관은 그저 잘못된 생각에 지나지 않는다.

주관적 이론은 '지론持論'이라고 한다. 지론이란 '한 사람의 경험에 바탕을 둔 이론'이며, 이것의 타당성은 일반적인 이론으로는 증명할 수 없다. 예를 들어 상태가 급속히 변할수록 프로젝트가 실패할 확률이 높다는 지론에 대해서 다른 의견을 가질 수는 있어도 틀렸다고 할 수는 없다.

지론이 그러한 것처럼 주관적인 의견 또한 누구나 납득할 수 있는 것은 아니다. 이에 반해 객관적인 의견은 누구라도 납득할 수 있다. 다만 현실적으로는 보편타당성이 증명된 이론을 제외하고 전 세계 모든 사람이 납득할 수 있는 의견은 없다. 따라서 비즈니스 상황에서는 상호주관성이라고 하는, 당사자 모두가 납득한다면 객관성을 확보한 것으로 여기는 개념이 중요하다(도표 8-2).

도표 8-2 주관과 객관

주관적으로 생각하는 것	객관적으로 생각하는 것
☐ 자신의 가치관을 토대로 생각함	☐ 공통적인 가치관을 토대로 생각함
☐ 자신의 관점(전제)에서 생각함	☐ 제삼자의 관점(전제)에서 생각함
☐ 모두가 납득할 수는 없음	☐ 누구라도 납득할 수 있음
☐ 논리는 있으나 자신의 전제가 포함됨	☐ 논리적임
☐ 이론과 모순되지 않음	☐ 이론 그 자체임

문제는 가중치다

마지막으로 '교통사고 방지 방법'과 관련한 예시를 통해 '주관적×객관적' 사고축을 활용하는 방법에 대해 살펴보자.

우선 '모든 면에서 절대적으로 우수한 방법은 없다'고 객관적으로 판단했다고 해보자. 그렇다면 어떻게 하는 것이 좋을지 생각해봐야 한다. 이때 주관이 개입된다. '운전자가 자발적으로 의식할 수 있게 하면 좋겠다.' 이렇게 생각하고 나서 다시 한번 객관적인 관점에서 '체감을 통해 의식할 수 있게 하면 효과적이지 않을까?' 하고 판단한다. 이때 제삼자의 의견을 들어보거나 제삼자의 입장에서 생각해봐도 좋다.

그리고 나서 '주된 방법을 정하고 난 다음 다른 방법을 접목하자' 하고 주관적으로 판단한 뒤 제삼자의 입장에서 다시 한번 생각한다.

그 결과 '운전자가 자발적으로 의식할 수 있게 하는 데는 체감적 방법뿐만 아니라 청각적 방법도 도움이 된다'고 판단한다. 이와 같은 사고 과정을 거쳐 결국 '체감적 방법을 메인으로 하고 청각적 방법을 보조 수단으로 하자'는 결론을 도출한다.

여기서 주의해야 할 점은, 이와 같은 일련의 사고가 결코 구체적이거나 분석적이지 않다는 사실이다. 반드시 '주관적×객관적' 사고축 외에도 '추상적×구체적' 사고축 또는 '전체적×분석적' 사고축도 함께 활용할 수 있어야 한다.

CONCEP
TUAL
THINKING

PART 9

직관을 논리로
반추하는 법

직관적 × 논리적 사고축

직관과 논리를 넘나드는 것은 한 사람의 머릿속에 있는 논리의 단편과 직관을
서로 엮어내는 것이나 다름없다. 되돌아볼수록 논리와 직관이 결부되는 패턴이 늘어나므로,
결국 직관을 더욱 잘 활용할 수 있게 된다.

직관과 직감의 차이

컨셉추얼 씽킹의 네 번째 구성요소는 '직관적×논리적' 사고축이다. 직관적으로 판단한 결과에 대한 논리적 근거를 확인한 뒤, 타당성이 확인되면 이에 대해 다시 직관적으로 판단하는 사고방법이다. 이 과정을 반복하면 복잡성과 불확실성 속에서 합리적인 결론을 끌어낼 수 있다.

비즈니스 현장에서 직관적으로 판단하는 것에 대한 의견은 찬반 양론으로 갈린다. 한편 오늘날 비즈니스 환경의 복잡성과 불확실성이 점점 증폭되면서 가설적 사고를 하지 않고는 한 발짝도 앞으로 나갈 수 없게 되었다. 이에 따라 가설을 세우고 검증하는 일련의 프로세스를 밟게 되면서 직관의 중요성에 대한 사람들의 관심 또한 증폭되었다.

본론에 들어가기에 앞서 용어정리부터 해보자. '직관'과 언뜻 비슷해 보이는 단어로는 '직감'이 있다. 사전적으로 직감은 '추리하거나 고찰하지 않고 감각만으로 현상을 파악하는 것'이며, 직관은 '추리하지 않고 직접 대상을 파악하는 것'이라고 되어 있다. 다시 말해 '직감'은 현상을 감각적으로 즉시 파악하는 행위인 반면 '직관'은 철학용어로서 현상의 전체적인 모습과 본질을 추론 없이 직접 파악하는 행위를 의미한다.

이 두 용어의 공통점은 추론하거나 고찰하지 않고 대상을 파악(인식)하는 데 있다. 다만 직감은 '감각적으로 느낀다'는 뉘앙스를 풍기는 반면 직관은 경험(지식)을 바탕으로 대상을 파악하는 것을 의미한다는 점에서 차이가 있다. 또한 직감은 본능이지만 직관은 본능이 아니라 하나의 사고思考 유형이라는 점도 서로 다르다.

한편 '직관적'이라는 단어는 사전에 '추리하지 않고 순간적·직접적으로 현상의 본질을 파악하는 것'이라고 되어 있다. 여기서 '본질'이라는 단어가 등장한 것에 주목할 필요가 있다. 이처럼 직관적으로 생각한다는 것은 곧 본질을 파악하는 것이라고 할 수 있다.

위 내용을 통해 알 수 있는 것처럼 컨셉추얼 씽킹의 5가지 사고 축에 포함되는 것은 직감이 아닌 '직관'이다. 리더가 무언가를 결정할 때 자신이 쌓아온 경험을 바탕으로 할 때도 있지만 '감정'에 치우치는 경우도 적지 않다. 아무리 최고경영자라고 하더라도 다른 사람들을 납득시킬 수 있을 만큼의 합리성을 갖춰야 하는데, 감정에 치우쳐 판단하면 합리성은 절대로 담보할 수 없다.

직관을 통해 판단하면 그렇게 판단하게 된 근거를 그 자리에서 바로 설명할 수는 없어도, 어느 정도 시간을 두면 자신의 직관이 합리적인 이유를 논리적으로 설명할 수 있다. 사람들은 여러 경험을 바탕으로 자기 나름의 논리를 갖는다. 무언가를 사고한다는 것은 이러한 논리들을 시행착오를 거치며 서로 연결해 결론을 얻는 행위인데, 직관이란 시행착오 없이 결론을 바로 도출하는 것을 의미한다. 따라서 직관적으로 판단한 뒤에는 반드시 논리적인 뒷받침이 필요하다(도표 9-1).

도표 9-1 경험을 활용한 컨셉추얼 씽킹

직관적으로 생각한다는 것

'생각한다'고 하면 논리적으로 생각하는 모습만 떠오르겠지만, 앞에서 설명한 대로 직관도 사고방식 중 하나이며 사고 과정에서 직관은 의외로 많은 역할을 한다. 직관적으로 생각할 때도 어느 정도 논리가 개입되며, 결과만 보면 논리적으로 생각한 것 같지만 실제로는 직관적으로 사고한 경우도 있다. 특히 요즘처럼 변화가 극심한 시대에는 많은 사람들이 경험이 중요하다고 생각한다. 물론 체험이 새로운 일을 하는 데 걸림돌이 된다고 생각하는 사람도 더러 있지만, 처음 하는 일인데도 척척 해내는 베테랑을 보고 '경험자'의 노련함이 평가되는 경우도 많다.

물론 경험만 많이 쌓으면 되는 것이 아니고, 처음 접한 일을 할 때도 그동안 쌓은 경험을 십분 활용할 수 있느냐 없느냐가 관건이다. 이때 사람마다 수준차가 발생한다. 차이의 원인은 바로 컨셉추얼 스킬이다. 특히 추상적 사고와 직관적 사고 능력의 차이 때문이다. '추상적×구체적', '직관적×논리적' 사고축을 제대로 활용할 줄 아는 사람은 경험을 충분히 살릴 수 있다.

이는 '추상적×구체적' 사고축을 통해 경험을 추상화한 뒤 다시 이를 구체화함으로써 한 번도 경험해본 적 없던 구체적인 방법을 고안해낼 수 있기 때문이다.

한편 '직관적×논리적' 사고축을 잘 활용한다면, 경험을 쌓을수록 가설적 결론을 신속히 도출하는 데 필요한 판단력 또한 강화할 수 있다.

반추를 통해 논리 구성하기

좋은 경력과 커리어를 쌓은 사람이 내놓은 직관적 의견이라면 여과 없이 받아들이는 경우가 많은데, 컨셉추얼 씽킹을 하는 사람에게는 있을 수 없는 일이다. 직관은 어디까지나 사고 과정의 일부일 뿐이기 때문이다. 즉 직관으로만 밀어붙이지 않고 '직관'과 '논리'라는 사고축의 양끝을 넘나들며 생각하는 것이 중요하다. 직관적으로 판단했다면 이번에는 논리적으로 의미를 부여해야 한다. 그렇다고 반드시 논리적으로 뒷받침하는 것만 의미하는 것은 아니다. 오히려

'반추'하는 행위에 좀더 가깝다고 할 수 있다. 반추란 일상 업무나 현장에서 한 발짝 멀리 떨어져서 자신의 행동을 '되돌아보는' 것을 말한다. 벌어진 일의 본질이 무엇인지 곰곰이 생각하고 자신이 제대로 대처했는지 되짚어보는 것이다. 이렇게 하면 향후 비슷한 상황에 부딪히더라도 더욱 잘 헤쳐나가는 데 필요한 지식과 지혜를 얻을 수 있다.

반추는 '왜 이런 직관을 가지게 됐는지'를 객관적으로 판단해보는 행위다. 직관에는 감정이 개입되기 쉬운 만큼 뒤로 한 발짝 물러서서 객관적으로 생각해보는 것이 중요하다. 이렇게 함으로써 직관적 판단의 밑바탕에 어떤 논리가 깔려 있는지 파악할 수 있다.

예를 들어 당신은 부하직원인 A를 신뢰해 그에게 중요한 프로젝트의 리더 역할을 맡기려 한다고 해보자. 프로젝트 내용에 대해 들어보자마자 A가 적합하겠다고 직관적으로 판단했다. 그러나 이것만 가지고는 조직 구성원들의 동의를 이끌어낼 수 없다. 따라서 A가 프로젝트 리더로 적합하겠다고 판단한 논리적 근거가 무엇인지 생각해본다. 예를 들어 다음과 같이 이야기할 수 있다.

'여러 부하직원들과 비교해봤을 때 A의 성장잠재력이 더 크고 프로젝트를 통해 큰 폭으로 성장할 수 있을 것으로 보인다. 이번 프로젝트는 불확실성이 크므로 대담한 성격의 소유자인 A에게 적합할 것으로 보인다. A는 팀 구성원을 한데 모으는 능력을 가지고 있는 만큼, 불확실성이 큰 프로젝트를 제대로 추진해나갈 수 있으리라고 판단된다.'

이와 같은 이유를 조합해서 '이번 프로젝트는 불확실성이 큰 만큼 불확실성에 굴하지 않는 마인드와 불확실성을 정면으로 돌파해 나갈 팀이 필요하다. 따라서 어떤 일을 겪더라도 흔들리지 않고 팀을 결집하는 능력을 갖춘 A가 적임자다'라는 논리를 만들 수 있다.

갑자기 반추 이야기를 꺼내니 어리둥절한 독자도 있을지 모르겠지만 그 이유는 분명하다. 앞에서 설명한 것처럼 직관은 경험을 토대로 무언가를 깨닫는 행위인데, 직관적으로 판단한 결과를 반추해봄으로써 경험치를 늘려갈 수 있고 직관력도 키울 수 있기 때문이다. 직관과 논리를 넘나드는 것은 한 사람의 머릿속에 있는 논리의 단편과 직관을 서로 엮어내는 것이나 다름없다. 되돌아볼수록 논리와 직관이 결부되는 패턴이 늘어나므로, 결국 직관을 더욱 잘 활용할 수 있게 된다.

이때 주의해야 할 것은 어디까지나 직관은 직관일 뿐, 곰곰이 따져본 결과 잘못된 판단으로 결론 내려질 수도 있다는 점이다. 이런 경우 논리적 근거를 찾기 어렵기 마련인데, 그렇더라도 억지로 논리를 만들기보다는 있는 그대로 받아들일 필요가 있다. 다만 논리적 근거를 찾을 수 없는 상황에서도 '실행해보니 타당한 가설이더라'라고 결론내릴 수도 있다. 이런 경우에는 반추해봄으로써 직관을 통해 확보한 사실을 논리화하는 것도 필요하다.

직관은 빠르다

'직관적×논리적' 사고축은 가설을 검증할 때 필요하다. 가설 검증 시 '직관적×논리적' 사고축을 활용해 얻을 수 있는 효과로는 우선 '생산성 향상'을 들 수 있다.

예를 들어 5가지 실행방안이 있고, 이 중에서 목표를 달성하는 데 가장 효과적인 방안이 무엇인지를 직접 실행해보고 판단하기로 했다고 가정해보자. 이때 어떤 방안부터 실행하느냐에 따라 단 한 번에 끝낼 수도 있고 다섯 번 모두 해야 할 수도 있다. 다시 말해 경우에 따라 생산성이 크게 달라질 수 있는 것이다.

더욱이 요즘처럼 불확실성이 큰 시대에는 일단 실행해보면서 판단해야 하는 경우가 많다. 어떤 선택지가 있을지조차 미리 생각해볼 겨를이 없기 때문이다. 가설을 설정해 실행해본 뒤, 그 결과를 토대로 다음에 어떤 액션을 취해야 할지 판단해야 하는 것이다. 이런 상황에서는 가설을 수립할 때 직관을 이용할 수밖에 없다.

다만, 어느 쪽이 됐든 반드시 '어떤 가설을 선택할 것인지'가 관건은 아니라는 점에 주의해야 한다. 검증 결과 잘못된 가설로 판명날 수도 있기 때문이다. 가설이 잘못된 경우에는, 해당 가설을 선택한 이유를 논리적으로 분석한 뒤 적절해 보이는 가설을 새로 선택해야 한다. 예를 들어 위에서 든 예시에서 A가 예상과 달리 역할을 제대로 수행하지 못해 다른 사람으로 교체하기로 했다고 가정해보자. 직관은 여전히 유용하지만 A를 적격자로 선정할 때 결부시켰던 논리는 더 이상 적용해서는 안 된다. 이와 같이 직관과 논리를 넘나들며 가설을 검증해나가는 것이다.

직관은 새 연결고리를 찾는 것이다

또 다른 장점은 직관을 통해 '무언가 이상한 점'을 파악할 수 있다는 것이다. 직관은 생각의 출발점이라는 인상이 강하지만, 먼저 합리적으로 분석한 뒤에 직관적으로 타당성을 체크하는 방법도 있다. 분석한 결과와 논리가 항상 합리적이라고 단정할 수는 없으므로 직관을 활용해 합리성을 검증해야 한다. 이것이 바로 '직관적×논리적' 사고축을 활용하는 예다.

사고 과정을 통해 현상과 사물의 본질을 파악하는 것처럼, 표면적으로 드러나 있지 않은 것을 파악하는 것은 컨셉추얼 스킬의 기본이기도 하다. 즉 지금까지 알지 못했던 새로운 연결고리를 파악하는 것으로서 '통찰'이라고도 한다. 이때 직관은 '새로운 연결고리를 파악하는 역할', 즉 지금까지의 선입견을 깨는 역할을 한다. 문제가 발생한 현장을 보고 논리적으로 생각하지 않고, 과거에 경험한 것과 유사한 문제가 벌어진 것일지도 모른다고 판단해 원인을 짚어낼 수 있게 하는 것이 직관의 역할이라고 할 수 있다.

정리하자면, 현장을 보고 직관적으로 판단한 뒤 왜 그렇게 판단했는지를 논리적으로 짚어봐야 한다. 논리적으로 설명할 수 없으면 직관적으로 판단한 내용을 다듬은 뒤 이번에는 논리적으로 타당한지 다시 한번 확인해봐야 한다. 이와 같은 과정은 직관적으로 판단한 결과에 대해 논리적으로 충분히 설명할 수 있을 때까지 반복해야 한다.

돌발적인, 그러나 계획적인

이처럼 직관적으로 현상을 파악하고자 한다면 직관과 논리 사이를 자유로이 넘나들며 사고할 수 있어야 한다. 여기서는 직관적 사고와 논리적 사고가 각각 어떤 특징을 가지고 있는지 정리해보자.

우선 직관적으로 파악한다는 것은 종합적으로 파악하는 것을 의미한다. 이러한 측면에서 직관적 사고는 전체적 사고와 상통한다. 특히 현상의 전체적 이미지를 한눈에 파악한다는 측면에서 매우 유사하다. 이와 반대로 논리적으로 파악한다는 것은 특정 부분, 또는 특정한 전제하에 한정적으로 생각하는 것을 의미한다.

또한 6장에서 설명한 것처럼 전체적인 사고는 본질이 무엇인지를 판단하고 이를 중심으로 전체를 파악하는 것을 의미하는데, 이러한 측면에 있어서도 본질 파악을 위한 직관적 사고와 공통분모를 이룬다. 한편 직관적 사고는 경험을 바탕으로 한 돌발적 성격을 띠는 반면, 논리적 사고는 계획적이며 객관적 성격을 띤다. 따라서 직관적으로 판단했다면 반추를 통해 논리적 근거를 찾는 것이 무엇보다 중요하다.

직관적으로 판단할 때는 부지불식간에 감정이 개입될 여지가 있다. 이런 측면에서 직관적 판단은 주관적 판단과 유사하다. 반면 논리적 판단에는 기본적으로 감정이 개입되지 않는다. 다만 8장에서 설명한 것처럼 논리를 전제로 해서 주관을 더한 '주관적 논리'는 성립할 수 있지만 직관을 설명하는 논리로서의 주관적 논리는 바람직하지 않다.

가장 중요한 것은 직관이 언제든 잘못될 수 있다는 사실이다. 이에 반해 논리는 기본적으로 타당하다. 다만 이는 어디까지나 한정적인 것으로, 전제가 바뀌면 논리도 바뀔 수밖에 없는 만큼 논리로 표현되는 것이 전부라고는 할 수 없다. 이와 같은 특징을 인식해 직관적으로 판단한 결과에 대해 논리적으로 의미를 부여하는 것이 중요하다. 위 내용은 도표 9-2와 같이 요약할 수 있다.

도표 9-2 직관과 논리

직관적으로 생각함	논리적으로 생각함
☐ 종합적(이미지)임	☐ 한정적임
☐ 신속하고 돌발적임	☐ 계획적임
☐ 감정이 개입되는 경우가 있음	☐ 감정이 개입되지 않음
☐ 타당하다고 보장할 수 없음	☐ 타당하다고 보장할 수 있음

직관은 주관적이자 전체적 관점이다

'직관적×논리적' 사고축은 다른 사고축과 어떤 관계가 있을까. 우선 '주관적×객관적' 사고축과 깊은 관계가 있다. 직관에는 감정이 개입될 수 있다는 점에서 주관과 유사하며, 주관 자체가 직관적 사고에 개입된다고도 할 수 있다. 한편 논리적 사고 시에는 객관성이 요구된다. 또한 직관적인 사고는 현상과 사물을 종합적으로 판단하는 것을 의미한다는 측면에서 전체적 사고와도 공통점이 있고, 논리적으로 파악하는 것은 분석적 사고와도 관계가 있다.

논리에 반反하는 직관 바로잡기

마지막으로 '교통사고 방지 방법'과 관련한 예시를 통해 '직관적× 논리적' 사고축을 활용하는 방법에 대해 살펴보자. 우선 직관적으로 '체감적 방법이 효과적'이라고 판단했다면 이에 대한 논리적 근거를 찾아야 한다. 예를 들어 '운전자가 운전 중에 반드시 인식할 수 있게 하려면 시각적 방법이 아닌 체감적 방법을 채택해야 한다'고 판단하는 것이다.

논리적으로 부족한 부분에 대해서는 다시금 직관적으로 판단한 후 그에 대한 논리적 근거를 찾아봐야 한다. 예를 들어 '체감적 방법과 단속을 병행하자'고 직관적으로 판단한 뒤 논리적인 근거를 찾아본 결과 억지력 측면에서 단속은 그다지 효과적인 방법이 아니라는 것을 알게 됐다고 해보자. 여기서 주의해야 할 것은 논리가 직관에 반하는 내용일 수 있다는 점이다.

직관적으로 판단한 내용을 근거를 통해 뒷받침하는 것이 논리의 기본적인 역할이지만, 잘못된 직관적 판단을 바로잡아주는 역할도 한다. 따라서 이번에는 '시각 효과를 병행하자'고 직관적으로 판단한다. 이에 대해 논리적으로 생각한 결과 '체감적 효과에 시각적 효과를 더하면 운전자의 오감을 자극할 수 있다'고 판단하고 이를 토대로 구체적인 실행방안을 수립한다.

CONCEP

PART 10

TUAL

미래로 지금을
통찰하는 법

장기적 × 단기적 사고축

THINKING

장기적 관점과 단기적 관점을 통합할 때 중요한 것은

초기 단계에서는 가급적 정보를 버리지 말아야 한다는 점이다. 논리적으로 생각한다는 것이

보편타당한 해법을 찾아나가는 과정을 의미한다고 오해하기 쉽다.

급한 불 끄기 vs. 불씨 없애기

컨셉추얼 씽킹의 다섯 번째 구성요소는 '장기적×단기적' 사고축이다. 이는 장기적 관점의 사고와 단기적 관점을 넘나들며 사고한 뒤 이를 통해 얻은 결론을 종합하는 사고방식이다. 이를 통해 단기적으로든 장기적으로든 가장 적합한 결론을 내릴 수 있기 때문에 자주 활용된다.

'장기적 사고'는 손에 잡히지 않는 개념적인 것이기 때문에 바람직하지 않다고 생각하는 사람도 있으나, 실제로는 언제나 필요한 매우 중요한 사고방식이다. 예를 들어 문제가 생겼을 때 눈앞에 보이는 것뿐 아니라 장기적인 문제도 해결해야 하는 경우가 자주 있다. 문제해결을 위한 방안으로는 '당면책'과 '근본책'이 있는데, 당면책은 위기를 모면하기 위한 방안이라는 뉘앙스가 강하고 근본책은 문자 그대로 문제를 해결하기 위한 방안을 뜻한다.

예를 들어 업무가 당초 일정보다 지연되고 있다고 해보자. 매주 하루꼴로 늦어지고 있다면 더 이상 문제가 확대되지 않도록 해야 한다. 이를 위해 담당자를 늘리는 방안을 생각해볼 수 있는데, 이것만으로는 일정이 지연되는 문제를 회피할 수 있을지는 몰라도 향후 비슷한 문제가 발생할 가능성까지 방지하지는 못한다. 다시 말해 단기적인 문제를 해결한다고 해서 장기적인 문제해결로 귀결되는 것은 아니다.

예상 밖 변수도 읽어야 한다

중요한 것은 이러한 논의가 본질과 관계가 있다는 점이다. 단기적으로만 접근하면 문제를 본질적으로 해결할 수 없는 경우가 대부분이다.

장기적 관점에서 문제를 해결하려면, 시간이 갈수록 더욱 지연되는 이유가 무엇인지를 분석한 뒤 근본 원인을 제거해야 한다. 예를 들어 담당자의 역량 부족이 원인이라면 역량을 향상시켜야 하고, 그런 담당자를 배정한 인원배치 방법에 문제가 있다면 이를 변경해야 한다. 어느 쪽이든 장기적인 관점에서 문제를 해결할 필요가 있다.

다만 장기적 대책을 단기적 대책보다 우선시하기 어려운 경우가 종종 있다. 일정이 지연되다 보니 초과근무가 늘고, 초과근무가 늘다 보니 직원들의 피로도가 증가하고, 업무 효율이 떨어지다 보니 초과근무가 더욱 늘어날 수밖에 없는 악순환이 발생했다고 해보자.

이런 경우에는 장기적으로 보면 직원들을 쉬게 하는 것이 정답이다. 그러나 실제로는 이러한 대책을 구사하기는 쉽지 않다. 그 이유는 의외로 심리적인 부분에 있다. 즉 지금 직원들을 쉬게 하면 향후 예상 밖의 문제가 발생했을 때 제대로 대응할 수 있을지 불안하기 때문이다. 그래서 앞으로 무슨 일이 터질지 모르니 일을 조금이라도 더 많이 해놓는 것이 나을 거라고 생각하기 쉽다. 이것이 바로 장기적 사고와 단기적 사고 간에 균형을 잡기 어려운 부분이다.

역산하면 단기적 문제가 풀린다

그럼 '장기적×단기적' 사고축을 활용하는 방법에 대해 좀더 자세히 살펴보자. 문제를 해결하고자 할 때는 우선 단기적으로 문제가 확대되지 않도록 조치한 뒤에 장기적인 관점에서 근본적인 대책을 모색하는, 이른바 단계별 대응이 필요하다. 예를 들어 특정 사업이 적자라면 기사회생하기 위해 아무리 새로운 제품을 투입하더라도 적자 사업에 발목을 잡혀 좋은 성과를 내기 어렵다. 이럴 때는 적자가 더 이상 발생하지 않도록 우선 조치를 취한 뒤에 신규 제품을 투입할 필요가 있다. 다만 사업 환경의 변화 속도가 빠른 오늘날 이런 방식으로는 시장의 요구에 발 빠르게 대응하기 어렵기 때문에 2가지를 병행해서 진행하는 경우가 많다.

그러나 제품 개발처럼 엄청난 비용과 시간을 필요로 하는 경우에는 단기적 대응과 장기적 대응을 병행해 진행하기 쉽지 않다. 예를 들어 경쟁사가 신제품을 출시했을 경우, 우선 그에 대항할 수 있는 제품을 개발해야 한다. 하지만 완전히 새로운 제품을 출시하려 한다면 그만큼 투자가 분산되므로 좋은 결과를 얻기 어렵다. 경쟁에서 승리하려면 당장의 경쟁에서도 이기고 향후에도 이길 수 있는 제품을 기획해야 한다. 즉 현재와 미래를 통합할 필요가 있는 것이다.

한 가지 예를 들어보자. 구글은 '프로젝트 아라Project Ara'라는 조립식 스마트폰 관련 프로젝트를 수행했다. 비록 핵심 인력이 페이스북으로 이동하면서 2016년 9월 중단되기는 했으나 의미 있는 시도였다. 일반적으로 스마트폰 사용자들은 다양한 기능을 제공해주기를 원하면서도(단기적 니즈) 사용방법이 심플해지기를 바란다(장기적 니즈). 따라서 스마트폰 개발업체들은 갈수록 복잡해지는 기능을 사용자가 복잡하게 느끼지 않도록 인터페이스와 사용방법 등을 단순화하려고 애쓴다.

이러한 문제를 장기적 관점에서 해결하려고 추진한 사업이 바로 '프로젝트 아라'였다. 전화, 카메라, TV, 통신 등 스마트폰의 주요 기능을 모듈로 나누고 사용자는 자신이 원하는 기능만 선택해 조립할 수 있도록 하려던 것이다.

예를 들어 통신과 카메라만 필요하면 이 기능만 있고 전화 기능은 없는 스마트폰을 직접 구성할 수 있다. 구글은 이 프로젝트를 통해 당장 필요 없는 기능을 덜어냄으로써 단기적 니즈와 덜어낸 기능 중에서 향후에 필요한 것은 언제든 다시 사용할 가능성을 열어둔 장기적 니즈를 양립시키고자 했다. 비록 다른 이유로 중단되기는 했으나 이는 장기적 시각과 단기적 시각을 통합한 매우 좋은 사례로 평가할 만하다.

문제를 해결하거나 제품을 개발하고자 할 때 이와 같은 아이디어를 내려면 단기적 관점에서의 발상과 장기적 관점에서의 발상을 여러 차례 거듭해야 한다. 즉 장기적 사고와 단기적 사고를 넘나들며 생각을 전개할 수 있어야 한다.

'장기적×단기적' 사고축을 활용하는 방법으로는 몇 가지가 있다. 첫 번째 방법은 단기적인 대책을 구상한 뒤에 이것이 장기적으로 봤을 때도 여전히 유효한지를 따져보는 것이다. 장기적으로 보더라도 좋은 대책이라고 생각되면 괜찮지만, 무언가 문제가 될 소지가 있다면 장기적 관점에서 대책을 강구한 뒤 이것이 단기적으로는 어떤 결과를 초래할 것인지 따져봐야 한다. '프로젝트 아라'와 같이 혁신적인 아이디어를 도출하려면, 장기적 관점의 문제해결 방법을 찾는 과정에서 '추상적×구체적' 사고축을 활용하는 것도 고려해볼 필요가 있다.

두 번째 방법은 역산하는 것, 다시 말해 미래 시점을 기준으로 현재를 살펴보는 것이다. 미래에 특정 목표를 달성하려면 당장 무슨 일을 어떻게 해야 하는지 고민하고, 바람직한 모습과 현재의 모습 사이에 괴리가 있다면 해소해나가는 것이다. 이 또한 결국 장기적 사고와 단기적 사고를 넘나들면서 해결 방안을 모색하는 방법이다. 즉 문제해결 방안을 장기적 관점과 단기적 관점에서 고민해나가면서 양쪽 관점을 균형 있게 만족시킬 수 있는 지점에서 결론을 내는 방법이라고 할 수 있다.

희미한 것에서 뚜렷한 것으로

균형을 잡는 데 가장 좋은 방법은 통합하고 양립하게 하는 것이다. 통합하려면 전체를 파악하고 본질을 꿰뚫어볼 수 있어야 한다. 컨셉추얼 씽킹의 관점에서 이야기하자면 전체적 사고가 필요한 것이다.

장기적 관점과 단기적 관점을 통합할 때 중요한 것은 초기 단계에서는 가급적 정보를 버리지 말아야 한다는 점이다. 논리적으로 생각한다는 것이 보편타당한 해법을 찾아나가는 과정을 의미한다고 오해하기 쉽다. 그러나 실제로는 어떤 전제를 설정하느냐에 따라 논리 전개에 필요한 정보가 추려지기 마련이고, 그래서 결국 서로 다른 결론에 도달할 수 있다.

이와 같이 정보를 추리는 과정 없이 다양한 요소를 폭넓게 고려해 그 안에서 본질을 파악해나가는 것이 중요하다. 이때 가장 먼저 해야 할 일은 다양한 요소 사이에 어떤 관계가 있는지 자세히 살펴보는 것이다. 그런 다음 전체적인 흐름이나 형태를 항상 의식하면서 세부 내용을 검토해나가야 한다. 이렇게 해야 최적의 결론에 도달할 가능성을 높일 수 있다.

스마트폰을 예로 들어보자. 일반적으로 스마트폰을 디자인할 때는 단기적으로 가장 필요한 기능을 선별한 뒤 이를 구현할 방법을 모색하기 마련이다. 그러나 시장의 장기적 니즈도 두루 고려해 균형 잡힌 개발전략을 수립하려면 처음부터 기능을 골라내서는 안 된다. 우선 생각할 수 있는 모든 기능을 나열하고 각 기능의 상호관계를 분석한 뒤에 이를 바탕으로 스마트폰의 전체적인 이미지를 그려봐야 한다. 그런 다음 이러한 이미지를 실현하기에 가장 적합한 기능만 추려내야 한다. 구글의 '프로젝트 아라'는 이와 같은 과정을 거쳐 탄생했다고 할 수 있다.

불확실성과 확실성, 그 사이에서 균형 맞추기

위에서 다룬 내용을 바탕으로 '장기적×단기적' 사고축의 특징을 정리해보자. 우선 이익 관점에서 생각해보자. 장기적 사고가 중시하는 것은 미래 이익인 반면, 단기적 사고가 중시하는 것은 눈앞의 이익이다.

또한 장기적 사고는 눈앞의 이익을 보장하지 않는다. 이는 장기적 사고를 하는 데 걸림돌로 작용한다. 반대로 단기적 사고는 눈앞의 이익을 최대화하려는 사고방식이라서 그 결과를 누구라도 쉽게 받아들일 수 있다. 또한 단기적 사고는 장기적 사고와 달리 미래 이익에 대해서는 전혀 보장하지 않는다.

다만 미래는 불확실한 것이라는 사실이 변수로 작용한다. 장기적 사고의 목표는 미래 이익을 최대화하는 데 있지만, 이는 어디까지나 현시점에서 생각할 수 있는 기본 전제와 시나리오를 바탕으로 했을 때 성립하는 이야기일 뿐 어느 누구도 확신할 수 없다. 요즘처럼 복잡하고 불확실성이 큰 환경에서는 전제와 시나리오 모두 언제든 흔들릴 수 있다.

이와 더불어 심리적인 요인도 작용한다. 짧은 기간 동안 진행하는 프로젝트라고 하더라도 몇 개월 후에 무슨 일이 벌어질지 몰라 불안한 나머지, 당장 눈앞에 보이는 확실한 이익부터 취하려 하기 마련이다.

이처럼 단기적 관점뿐 아니라 장기적 관점까지 두루 고려한 균형

도표 10-1 장기적 관점과 단기적 관점

장기적 관점에서 생각함	단기적 관점에서 생각함
☐ 미래에 발생할 이익을 중시함	☐ 눈앞의 이익을 중시함
☐ 눈앞의 이익은 보장하지 않음	☐ 눈앞의 이익을 최적화함
☐ 미래의 이익을 최적화함	☐ 미래의 이익은 보장하지 않음
☐ 불확실성이 큼	☐ 불확실성이 적음

잡힌 방안을 모색하기는 생각보다 쉽지 않다. 결국 눈앞의 이익과 미래 이익 사이의 균형을 찾아나가는 것이 '장기적×단기적' 사고축의 활용 포인트라고 해도 과언이 아니다. 지금까지 설명한 내용은 도표 10-1과 같이 요약할 수 있다.

다른 사고축과의 관계

'장기적×단기적' 사고축은 다른 사고축과 어떤 관계가 있을지 생각해보자. 우선 장기적인 관점에서 생각할 때는 전체를 보지 않으면 안 된다는 점에서 '전체적×분석적' 사고축과 관계가 있다. '장기적×단기적' 사고축은 시계열 관점에서의 '전체적×분석적' 사고축이라고도 할 수 있다. 또한 장기적인 것은 어떤 의미에서는 추상적이며, 단기적으로 생각하면 할수록 생각이 구체화될 수 있다는 점에서 '추상적×구체적' 사고축과도 관계가 있다.

장기와 단기 사이의 피드백

마지막으로 '교통사고 방지 방법'과 관련한 예시를 통해 '장기적×
단기적' 사고축을 활용하는 방법에 대해 살펴보자.

우선 과속방지턱, 단속, 시각 효과 등 몇 가지 후보를 놓고 '단기
적으로 보면 각각의 방법 모두 나름의 효과가 있다'고 판단했다고
가정해보자.

이에 대해 장기적 관점에서 살펴보고는 '효과를 지속하는 데는
과속방지턱이 제일 낫다'고 판단한다. 그리고 이를 다시 단기적 관
점에서 분석해 '한 가지 방법만 적용하기보다는 여러 방법을 조합
하는 것이 낫겠다'고 생각한다.

어떤 방법을 병행해야 할지 장기적 관점에서 고려한 결과 '단속
은 운전자가 익숙해지는 순간 효과가 반감된다'고 판단해 '그렇다
면 과속방지턱을 주된 방법으로 하고 보조수단으로서 단속을 병행
하자'며 단기적 관점에서 결론을 내린다. 이처럼 장기적 이익과 단
기적 이익 사이의 균형을 잡아나가는 것이 '장기적×단기적' 사고
축의 활용 포인트다.

PART 11

개념적 차원에서의
일하는 법

컨셉추얼 씽킹에 능한 사람은 정보를 더 이상 모아봤자

큰 의미가 없는 시점이 언제인지를 잘 포착한다.

반면 그렇지 못한 사람은 그런 감각 없이 정보를 계속 수집하고 싶어한다.

이는 전체를 보지 못하기 때문에 빚어지는 결과다.

1. 사고축을 통합하라

6장부터 10장까지 5가지 장에 걸쳐 각각의 사고축에 대해 설명했지만, 그렇다고 반드시 개별적으로만 적용할 수 있는 것은 아니다. 도표 11-1과 도표 11-2를 통해 볼 수 있듯이, 콘셉트 구상·계획·문제해결·의사결정·대인관계 같은 리더의 업무와 아이디어 도출·모델링 같은 실무자의 업무를 수행하는 데 5가지의 사고축을 통합적으로 활용할 수도 있다.

이처럼 통합적으로 활용하려면 어떻게 해야 할까. 도표 11-3을 살펴보자. 개념의 세계와 형상의 세계를 넘나들며 개념적인 차원에

도표 11-1 리더의 컨셉추얼 스킬

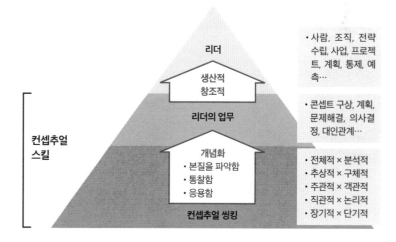

서 문제를 해결해나가는 과정을 정리한 것이다. 각각의 프로세스에서 적용할 수 있는 사고축이 무엇인지도 함께 표현했다. 이를 통해 알 수 있는 것처럼, 개념의 세계와 형상의 세계를 넘나드는 과정(도표 11-1)은 여러 프로세스에 걸쳐 이뤄진다. 예를 들어 구체적으로 정보를 수집하고, 추상적으로 문제를 선정하며, 추상적으로 해결책을 검토한 뒤, 구체적으로 해결책을 실행해나가는 식이다. 도표 11-3에는 각 프로세스에서 적용할 수 있는 모든 사고축을 표현했지만 실제로는 도표 11-4처럼 일부만 적용하기도 한다.

프로세스가 일정한 경우라면 이런 수순을 밟으면 되지만 현실적으로는 프로세스가 일정하지 않은 경우가 훨씬 더 많다. 이런 경우

도표 11-2 실무자(실무 리더, 담당자)의 컨셉추얼 스킬

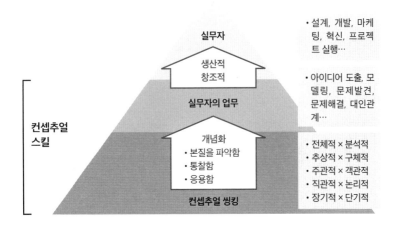

컨셉추얼 씽킹

도표 11-3 개념적 차원에서의 문제해결 방법

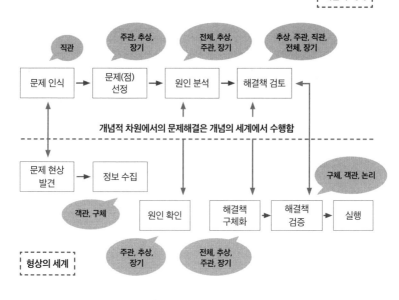

도표 11-4 개념적 차원에서의 문제해결 예시

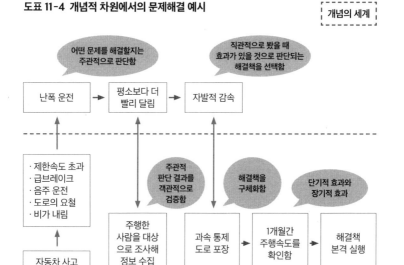

도표 11-5 '교통사고 방지 방법'을 도출하기 위한 5가지 사고축

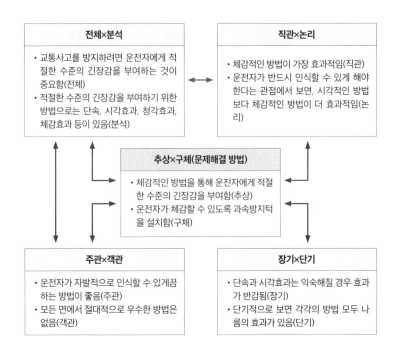

5가지 사고축을 활용하려면 통합적 관점에서 생각할 필요가 있다.

우선 5가지 축을 나열한 뒤 이 중 어떠한 사고축에서 결론을 도출할 것인지, 그리고 각각의 사고축이 서로 어떤 관계를 갖는지 명확히 정리한다. 그런 다음에는 이렇게 정리한 틀을 토대로 수집한 정보와 통찰한 결과를 정리해나간다. 도표 11-5는 교통사고 방지 방법을 예시로 작성한 것이다. 구체적으로 어떻게 생각을 전개해나가야 하는지에 대해서는 본장의 '2. 콘셉트 구상, 이미지로 보이게 하

도표 11-6 사고축의 일반화

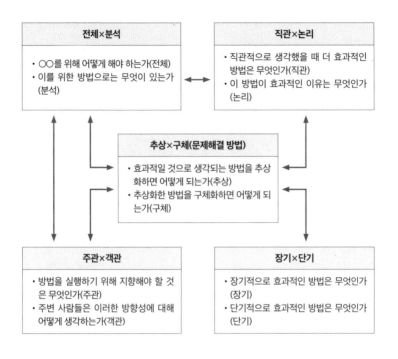

라' 이후에 설명하는 내용을 참고하자.

이처럼 5가지 사고축을 활용하면 콘셉트 구상·계획·의사결정 같은 개념적 차원에서의 업무를 수행할 때 다양한 관점에서 생각을 정리할 수 있다.

그렇다면 각각의 틀에는 어떤 내용을 넣어야 할까. 이를 위해서는 우선 각각의 사고축에 해당하는 질문부터 구상해보자. 예를 들어 도표 11-6과 같은 질문을 생각해볼 수 있다. 교통사고 방지 방법을 도출해야 한다면 '전체적×분석적 사고축'의 주제를 묻는 항목에 대해서는 '교통사고 줄이기'라는 말을 넣어서 '교통사고를 줄이기 위해 어떻게 해야 하는가?'라는 질문을 완성하는 것이다.

전체적, 분석적 관점에서는 '주관적×객관적' 관점의 질문을 던질 수 있다.

예를 들어 '○○를 위해 어떻게 해야 하는가(전체)', '이를 위한 방법으로는 무엇이 있는가(분석)' 등의 질문이 자연스레 도출된다. 이와 관련해 직관과 논리의 관점에서는 '직관적으로 생각했을 때 더 효과적인 방법은 무엇인가(직관)', '이 방법이 효과적인 이유는 무엇인가(논리)'라는 질문을 생각해볼 수 있다. 그리고 최종적으로 '효과적일 것으로 생각되는 방법을 추상화하면 어떻게 되는가(추상)', '추상화한 방법을 구체화하면 어떻게 되는가(구체)'라는 형태로 결론을 도출할 수 있다. 이를 구체화하기 위한 방향성을 확인하기 위해서는 '방법을 실행하기 위해 지향해야 할 것은 무엇인가(주관)', '주변 사람들은 이러한 방향성에 대해 어떻게 생각하는가(객관)'라는 질문을 해볼 수 있다.

그리고 장기적, 단기적 관점에서는 '장기적으로 효과적인 방법은 무엇인가(장기)', '단기적으로 효과적인 방법은 무엇인가(단기)' 하고 생각해볼 수 있다.

이와 같이 각각의 질문을 서로 관련지으면서 질문과 대답을 반복해나가면 5가지 사고축을 통합적으로 활용할 수 있다.

전체적 모습(이미지)을 파악하라

컨셉추얼 씽킹은 전체적인 모습을 파악하면서도 각 구성요소도 들여다봄으로써 최적의 솔루션을 도출하는 사고방식이다. 5가지 사고축을 통합적으로 활용해야 하는 이유도 전체 최적화를 도모하려는 데 있다. 그렇다면 전체적인 모습 또는 이미지는 무엇일까.

컨셉추얼 씽킹을 할 때 개념의 세계와 형상의 세계로 나눠서 생각하는데 '전체'는 개념의 일부다. 개념은 무언가의 '본질을 파악하는 사고 형식'인데 이를 위해서는 현상에 대해 추상抽象하거나 사상捨象할 필요가 있다. '사상'이라는 말이 생소할 수도 있다. 사상은 어떤 사물 또는 표상에서 본질적인 공통성을 뽑아낼 때(즉 추상할 때) 비본질적인 속성은 버리는 것을 의미한다. 추상화할 때는 추상뿐 아니라 사상도 함께 하는 경우가 많다. 예를 들어 '밝고 순수한 것처럼 보이는 젊은이가 한 명 있다'는 현상을 '밝은 젊은이가 한 명 있다'고 추상화했다고 해보자. 이때 추상한 것은 '밝은(밝고)', '한 명'이며 사상한 것은 '순수한 것처럼 보이는'이다.

또한 개념은 '추상 개념'과 '구체 개념'으로 나뉜다. 추상 개념이란 구체적인 경험 내용으로부터 어떤 성질, 관계, 상태 등을 추출해 생각할 경우 그 성질, 관계, 상태 등을 의미한다. 위의 예문에서는 '인간성', '밝음' 등이 추상 개념에 해당한다. 반면 구체 개념은 구체적인 대상을 의미한다. '사람', '밝은 사람' 등이 해당한다.

이와 같이 생각해보면 전체적 모습 또는 이미지는 결국 '구체 개념'이다. 구체 개념은 본질을 포함하고 있으므로 전체적인 이미지

또한 본질을 포함하고 있다고 할 수 있다. 5가지 사고축을 통합적으로 활용하고자 할 때는 반드시 이를 염두에 두어야 한다.

2. 콘셉트 구상, 이미지로 보이게 하라

앞에서 설명한 형식으로 5가지 사고축을 통합적으로 활용하면 업무 성과를 향상시킬 수 있다. 여기서는 우선, 콘셉트 구상·계획·문제 해결·대인관계 등 리더의 5가지 업무가 어떻게 변화하게 될 것인지 살펴보자.

가장 먼저 '콘셉트 구상' 업무부터 살펴보자. 1장에서 소개한 것처럼 컨셉추얼 씽킹을 잘하는 리더와 잘하지 못하는 리더의 차이는 크게 보면 다음과 같다.

- 잘하는 리더: 상황을 전체적으로 파악해 전체 최적화 관점에서 구상함
- 못하는 리더: 특정 부분에만 초점을 맞추고 부분 최적화 관점에서 구상함

구상을 하려면 전체상을 볼 수 있어야 하지만 컨셉추얼 씽킹을 잘하지 못하면 부분적으로만 최적화된 결과물을 내놓을 가능성이 크다. 그 이유는 다음과 같다.

① 전체적인 관점을 취하지 못하기 때문에 구조적으로 분석하지 못함

② 특정 부분에 집착하기 때문에 부분 최적화 관점에서만 생각을 정리함

③ 장기적 안목에서 바라보지 못함

④ 자신만의 생각을 펼치지 못하고 수동적인 자세를 보임

문제행동 개선하기 (1)

컨셉추얼 씽킹 능력이 부족한 사람이 의사결정 과정에서 자주 범하는 문제행동은 '① 전체적인 관점을 취하지 못하기 때문에 구조적으로 분석하지 못하는 것'이다.

우선 이 책에서 이야기하는 '구상'이란 무엇인지에 대해 명확히 해두자. 구상은 '보이지 않는 것을 보는 능력'을 의미한다. 다만 구상은 머릿속에만 존재할 뿐 눈으로 볼 수는 없다. 따라서 '가시화'할 필요가 있는데 그 방법으로는 콘셉트와 비전이 있다. 이 책에서는 콘셉트 구상, 즉 구상한 결과를 콘셉트의 형태로 도출하는 과정을 일컬어 '구상'이라고 표현했다.

예를 들어 구글의 공동창업자인 래리 페이지는 '사용자가 검색한 번으로 원하는 웹페이지를 바로 찾을 수 있는 시스템을 만들겠다'는 구상을 했다. 이를 콘셉트로 해 구글이라는 기업을 설립하고 세상을 변화시켜 온 것이다. 래리 페이지가 이러한 목표를 수립한 것은 눈에 보이는 크나큰 문제 때문이었다. 인터넷의 규모가 폭발적으로 증가하면서 사용자들은 자신이 원하는 웹페이지를 찾는 데 점점 어려움을 겪기 시작한 것이다.

이와 같은 현상을 전체적으로 포착했기 때문에 당장 무엇이 필요한지를 구조적으로 파악할 수 있었고, 그 결과 검색엔진 개발이라는 자신들만의 전략을 세울 수 있었다. 다시 말해 콘셉트를 구상하려면 보이는 것은 물론 보이지 않는 것까지 구체적이면서도 큰 그림으로 그려낼 수 있어야 한다.

이때 가장 중요한 포인트는 사고를 '구조적으로' 전개하는 것이다. 인터넷상에서 자유로이 여행하려면 검색엔진 외에도 통신 프로토콜 등 다양한 요소가 갖춰져야 한다. 구글이 창업한 당시만 하더라도 검색엔진은 한물 간 기술로 평가되었다. 야후, 알타비스타 등 이미 몇몇 회사가 시장을 주도하는 상황이었다. 그러나 그들은 기존의 검색엔진이 키워드 검색으로는 한계가 있다고 판단함으로써 검색엔진의 미래 사업성이 충분하다고 판단했다. 결과는 모두가 알다시피 매우 성공적이었고, 래리 페이지의 '구상' 능력이 크게 작용했음을 알 수 있다.

이처럼 첫 번째 문제행동을 개선하려면 이처럼 전체적 시각과 분석적 시각을 갖추고, 전체적인 흐름을 살피면서 당장 실현할 것을 탐색해야 한다.

문제행동 개선하기 (2)

컨셉추얼 씽킹 능력이 부족한 사람이 범하기 쉬운 두 번째 문제행동은 '② 특정 부분에 집착하기 때문에 부분 최적화 관점에서만 생각을 정리하는 것'이다. 무언가를 구상하려면 다양한 정보를 수

집하고 추상화한 뒤에 전체적으로 바라볼 수 있어야 하는데 이렇게
하지 못하는 것이다. 그 결과 부분적으로만 최적화된 콘셉트를 내놓
게 된다.

만약 구글이 오로지 검색엔진 개발에만 몰두했다면 어떻게 됐을
까. 구글은 애드센스,* 애드워즈** 등 검색을 기반으로 한 광고 솔루
션을 보유하고 있다. 오로지 정보 검색에만 집착했다면 애드워즈라
면 몰라도 애드센스가 탄생하는 일은 없었을 것이다. 사용자들이 인
터넷에서 활동하는 모습을 전체적으로 관찰한 뒤, 블로그 사용이 점
차 활발해져 가는 시점에 맞춰 출시한 것이 애드센스이기 때문이다.
구글은 인터넷 서비스의 구성요소 중 하나인 검색엔진에 집중하면
서도 인터넷 전체를 자신들의 시야에 넣었기 때문에 오늘날처럼 크
나큰 성공을 거둘 수 있었다.

이처럼 두 번째 문제행동을 개선하려면, 전체와 그것을 구성하는
각 부분이 어떤 관계를 갖는지를 언제나 예의주시함으로써 전체 최
적화를 실현해야 한다.

문제행동 개선하기 (3)

컨셉추얼 씽킹 능력이 부족한 사람이 범하기 쉬운 세 번째 문제
행동은 '③ 장기적 안목에서 바라보지 못하는 것'이다. 전체 최적화

---

* AdSense, 인터넷 사용자가 구글이 확보한 광고를 자신의 블로그 등에 노출한 후, 실적에 따른 수
익을 구글과 나눠 가지는 비즈니스 모델.
** AdWords, 광고가 검색 결과에 노출되도록 하고 실적에 따라 구글에 비용을 지불하는 비즈니스
모델. 현재는 구글 애즈(Google Ads)로 서비스 전환.

하지 못하는 문제와 어느 정도 관련이 있기는 하지만, 대부분 당장 눈앞에 보이는 이슈에 집착할 때 초래되기 쉬운 문제다. 계획보다 구상이 중요한 상황일수록 단기보다는 장기적 안목이 필요한 경우가 많다. 바꿔 말하면, 장기적 안목으로 구상하지 못한다면 그 결과물은 거의 가치가 없다고 할 수 있다.

이처럼 세 번째 문제행동을 개선하려면, 장기적 관점과 단기적 관점을 모두 동원해 사고를 전개해나갈 수 있어야 한다.

문제행동 개선하기 (4)

컨셉추얼 씽킹 능력이 부족한 사람이 범하기 쉬운 네 번째 문제행동은 '④ 자신만의 생각을 펼치지 못하고 수동적인 자세를 보이는 것'이다. 어떤 현상을 설명할 때 자신의 개인적인 의견은 덧붙이지 않으려 하는 사람들이 생각보다 많다. 물론 무언가를 구상한다는 것은 종착점이 아니라 새로운 일을 위한 출발점인 만큼, 자신이 제안하는 아이디어나 콘셉트가 가급적 많은 사람들에게 무리 없이 받아들여지기를 바라기 마련이다. 그러나 구상이라는 것은 반드시 주관적이며 직관적인 것이라야 한다.

래리 페이지가 검색엔진을 개발하자고 제안했을 때 처음부터 모든 사람들이 찬성하지는 않았다. 기술 자체에 관심이 있어서 입사한 사람도 있었고, 검색엔진이 아닌 다른 서비스에 관심이 있어서 입사한 사람도 있었다. 이처럼 자신의 생각이 분명한 엔지니어들을 존중하면서도 검색엔진을 개발해야 한다는 생각을 관철하기 위해 구글은 20% 룰(업무시간의 20%를 자신이 좋아하는 일을 하는 데 쓸 수 있도록 한 제도)을 도입했다. 그 결과 오늘날처럼 검색엔진을 중심으로 하면서도 그 밖의 다양한 기술을 보유한 기업이 될 수 있었다. 만약 래리가 단지 엔지니어들이 하는 이야기에만 귀를 기울였다면 지금의 구글은 없었을 것이다.

이처럼 네 번째 문제행동을 개선하려면, 주위의 의견을 경청하면서도 자신의 생각을 관철시킬 수 있는 방법을 모색하고 실행해나가는 것이 매우 중요하다.

5가지 사고축으로 통합하라

그러면 이제부터는 실제로 어떤 프로세스를 통해 콘셉트를 구상해나가야 할지 생각해보자. 개념의 세계와 형상의 세계를 넘나들며 개념적으로 콘셉트를 구상하는 데 필요한 프레임워크는 도표 11-7과 같이 표현할 수 있다.

전체적인 흐름은 '① 현상 인식 → ② 가치 창조 → ③ 언어화 → ④ 공감' 등 4단계로 구성되어 있고, 각 단계마다 몇 가지 요소가 포함되어 있다. 그리고 각 요소는 5가지 사고축과 결부되어 있다.

이제부터 보게 되겠지만, 개념의 세계와 형상의 세계를 넘나드는 과정은 여러 프로세스에 걸쳐 이뤄진다. 예를 들어 구체적으로 사실을 인식하고, 추상적으로 통찰하며, 추상적인 새로운 아이디어를 검토한 뒤, 아이디어를 구체화해나가는 식이다.

5가지 사고축을 의식하면서 이와 같은 프로세스를 실행하면 개

도표 11-7 콘셉트 구상

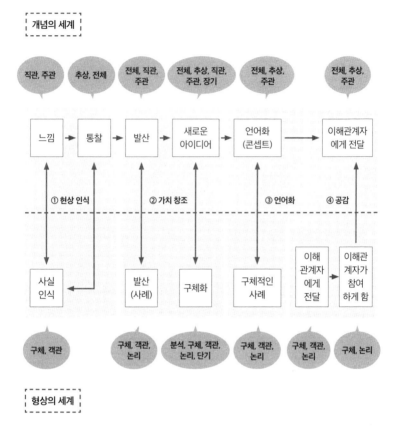

넘적으로 콘셉트를 구상할 수 있다.

콘셉트 구상을 비롯해서 계획, 문제해결과 같이 정형화된 프로세스로 표현할 수 있는 것에 대해서는 이와 같은 형태로 사고를 전개해 나가면 된다. 그리고 콘셉트를 구상하는 데 있어서는 5가지 사고축을 활용할 수도 있다. 물론 모든 사고축을 통합적으로 활용해야 한다.

우선 5가지 축을 나열한 뒤 이 중 어떤 사고축에서 결론을 도출할 것인지, 그리고 각각의 사고축이 서로 어떤 관계를 갖는지를 명확히 정리한다. 그런 다음에는 이렇게 정리한 틀을 토대로 수집한 정보와 통찰한 결과를 정리해나간다. 가령 다음과 같은 상황에서 프로젝트의 콘셉트를 도출해야 한다고 해보자.

한 통신판매 회사의 경영진은 '충성고객이 체감할 수 있는 혜택을 늘려 수익 향상'이라는 취지의 사업 방향성을 수립했다. 이에 따라 '충성고객 만족도 극대화 프로그램'이라고 하는 완전히 새로운 마케팅 전략을 기획하기 위해 프로젝트를 꾸렸다.

콘셉트를 구상할 때는 보통 '전체적×분석적' 사고축이나 '추상적×구체적' 사고축에서 결론을 도출하는 경우가 많다. 여기서는 '전체적×분석적' 사고축에서 콘셉트를 도출하기로 했다고 해보자 (도표 11-8). 이어서 각각의 사고축이 서로 어떤 관계를 갖는지 정리한다. 여기서는 가장 일반적으로 사용되는 패턴, 즉 모든 사고축이 오직 '전체적×분석적' 사고축으로만 연결되는 패턴으로 진행해보자. 이렇게 관계까지 설정한 다음에는 각각의 사고축에 해당하는 질문에 답하는 형식으로 도표를 채워나가야 한다.

도표 11-8 콘셉트 구상을 위한 5가지 사고축 통합 프레임과 관련 질문

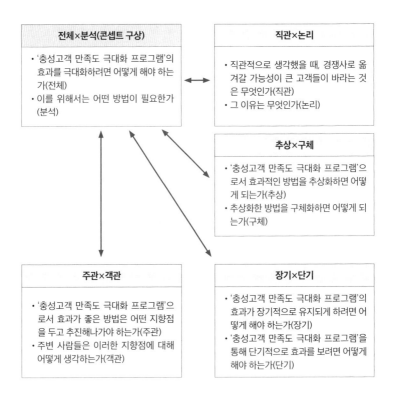

질문부터 생각하라

우선 전체적 관점에서는 '충성고객 만족도 극대화 프로그램'의 효과를 극대화하려면 어떻게 해야 하는가(전체)라는 질문을 던질 수 있다. '콘셉트 구상'이 바로 이 질문에 대한 답이다. 그다음으로 분석적 관점에서 '이를 위해서는 어떤 방법이 필요한가(분석)'라는 질문을 생각해볼 수 있다.

이와 관련해 직관과 논리적 관점에서는 '직관적으로 생각했을 때, 경쟁사로 옮겨갈 가능성이 큰 고객들이 바라는 것은 무엇인가(직관)', '또 그 이유는 무엇인가(논리)'라고 질문할 수 있다.

결국 '충성고객 만족도 극대화 프로그램'으로서 효과적인 방법을 추상화하면 어떻게 되는가(추상), 또한 추상화한 방법을 구체화하면 어떻게 되는가(구체)라는 질문에 답함으로써 결론 내리게 되며, 구체화의 방향성을 설정하기 위해서는 '주관적×객관적' 관점에서 다음과 같은 질문을 던질 수 있다.

'충성고객 만족도 극대화 프로그램'으로서 효과가 좋은 방법은 어떤 지향점을 두고 추진해나가야 하는가(주관), 주위 사람들은 이러한 지향점에 대해 어떻게 생각하는가?(객관)

또한 '장기적×단기적' 관점에서는 '충성고객 만족도 극대화 프로그램'의 효과가 장기적으로 유지되게 하려면 어떻게 해야 하는가(장기), '충성고객 만족도 극대화 프로그램'을 통해 단기적으로 효과를 보려면 어떻게 해야 하는가(단기)라는 질문을 생각해볼 수 있다.

콘셉트 구상, 교차 검증으로 설계한다

이와 같은 질문을 서로 관련지으면서 그에 맞는 답을 찾아나가다 보면 도표 11-9와 같이 정리할 수 있다. 이처럼 5가지 사고축을 활용한 컨셉추얼 씽킹을 통해 콘셉트를 구상할 수 있다.

도표 11-9 5가지 사고축을 활용한 콘셉트 구상 사례

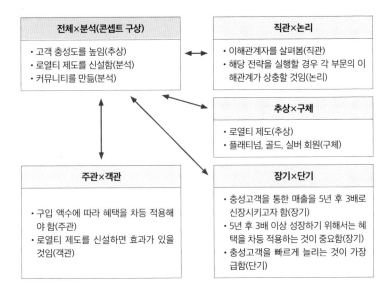

3. 성과를 정의하고 그에 필요한 계획을 설계하라

이제 계획을 수립하는 일에 대해서 생각해보자. 1장에서 소개한 것처럼, 컨셉추얼 씽킹을 잘하는 사람과 잘하지 못하는 사람의 차이는 크게 보면 다음과 같다.

- 잘하는 리더: 성과를 명확히 정의하고 성과로 바로 연결되는 계획을 수립함
- 못하는 리더: 성과를 불분명하게 정의한 상태에서 일을 진행하므로 온

갖 것을 망라하는 계획을 내놓음

컨셉추얼 씽킹에 능하지 않은 리더는 계획을 수립할 때 다음과 같은 문제를 일으키기 쉽다.

① 성과와 계획의 관계를 명확히 설정하지 못함
② 계획이 지나치게 포괄적이고 성과의 우선순위가 불명확함
③ 객관성을 지나치게 추구한 나머지 타당성이 결여된 계획을 내놓음

문제행동 개선하기 (1)

컨셉추얼 씽킹 능력이 부족한 사람이 계획수립 과정에서 자주 범하는 문제행동은 '① 성과와 계획의 관계를 명확히 설정하지 못하는 것'이다. 계획은 어떻게 성과를 낼 것인지 결정(계획)하기 위해 존재하는 것이기 때문에 어리둥절할 수도 있다. 그러나 현실적으로는 기존에 하던 방식을 고수해 계획을 수립하기 때문에 어떤 활동이 어떤 성과와 연결되는지 명확하지 않은 경우가 적지 않다. 이와 같은 문제를 일으키지 않고 계획을 수립하려면 어떻게 해야 할까. 우선 다음의 사항을 반드시 생각해야 한다.

• 전체적으로 보면 어떤 일인가 / 분석적으로 보면 어떤 일인가

보통 문제가 발생하면 당장 해결해야 할 대상으로만 보기 쉬

운데, 이렇게 하기보다는 '크게 봤을 때 무슨 문제이며, 앞으로 어떻게 풀어나가야 할지'를 살펴봐야 한다. 이는 프로젝트 관리 도구인 WBSWork Breakdown Structure, FBS Functional Breakdown Structure, OBSOrganizational Breakdown Structure의 취지와 깊은 관련이 있다.•

이와 같은 생각을 거듭하면 성과와의 관계가 명확한 계획을 수립할 수 있다.

문제행동 개선하기 (2)

컨셉추얼 씽킹 능력이 부족한 사람이 범하기 쉬운 두 번째 문제 행동은 '② 계획이 지나치게 포괄적이고, 성과의 우선순위가 불명확한 것'이다. 이는 앞에서 이야기한 ①과도 관계가 있는데, 전체적으로 봤을 때 어떤 일인지 판단이 서지 않으면 단지 작은 계획들을 하나로 묶어 큰 계획으로 만들기 마련이다. 그 결과 모든 것을 망라하는 계획이 되고 만다. 어쨌든 해야 할 일을 계획하는 것이니 포괄적으로 수립해도 괜찮지 않느냐고 생각하는 사람도 있을지 모르지만 결코 그렇지 않다.

계획의 첫 번째 성질은 '반드시 계획한 대로만 흘러가지 않는다'는 것이다. 계획한 대로 진행되지 않을 때는 계획 자체를 변경하는 경우가 많은데, 결과만 놓고 보면 마치 계획대로 흘러간 것처럼 보일 수도 있다. 문제는 최초에 계획한 내용 중에서 실행하지 않고 넘

• WBS, FBS, OBS. 프로젝트를 완수하기 위해 필요한 업무(Work), 기능(Function), 조직·구성원(Organization)을 세분하는 기법 또는 그 결과를 의미함

어가는 것이 있을 수 있다는 점이다. 예를 들어 일정을 우선시해 당초 계획했던 특정 업무를 하지 않기로 의사결정할 수도 있다. 목표 간에 우선순위를 매기는 일이 중요한 이유는 바로 이 때문이다. 중요한 업무를 빠뜨리지 않으려면 계획수립 단계에서부터 우선순위를 명확히 설정해야 하며, 계획을 변경하고자 할 때도 반드시 우선순위를 염두에 두어야 한다.

또 하나 중요한 점은, 산출물의 우선순위는 객관적으로 설정할 수 없다는 사실이다. 예를 들어 고객이 생각하는 우선순위와 산출물을 제공하는 사람이 생각하는 우선순위가 서로 다른 경우가 적지 않다. 서로의 입장이 다르기 때문이다.

요컨대 두 번째 문제행동을 개선하려면, 해야 할 일을 전체적으로 파악하고 탑다운으로 업무의 우선순위를 결정한 뒤 바텀업으로 계획을 다듬어나가야 한다.

문제행동 개선하기 (3)

컨셉추얼 씽킹 능력이 부족한 사람이 범하기 쉬운 세 번째 문제행동은 '③ 객관성을 지나치게 추구한 나머지 타당성이 결여된 계획을 내놓는 것'이다.

이것이 문제가 되는 까닭은, 계획수립이라는 의사결정 행위이자 자신의 주관적 견해를 바탕으로 해야 하는 일이기 때문이다. 가령 처리하는 데 보통 10일 정도 걸리는 일이 있다고 해보자. 낙관적으로는 5일 정도, 보수적으로는 15일 정도 걸릴 수 있음을 보여주는 데이터는 어디엔가 반드시 존재하기 마련이다. 이때 5~15일이라는 범위는 객관적인 제약으로 받아들이고 이를 초과하지 않도록 노력할 필요가 있다. 그러나 결론적으로 5일이 필요하다고 할지, 10일 또는 15일이 필요하다고 할지는 어디까지나 본인의 주관으로 판단해야 할 일이다. 그러나 이 조차도 객관적으로 판단해야 한다고 생각한 나머지, 여러 사람의 의견을 들어본다든지 좀더 상세히 분석하려고 하는 사람이 적지 않다. 이는 결코 개념화에 최적화한 행위라고 할 수 없으며, 정보를 계속해서 모으다가 결국에는 수습하지 못하는 바람에 오히려 타당성이 결여된 계획을 내놓는 경우가 많다.

요컨대 세 번째 문제행동을 개선하려면, 객관적인 범위를 상정하고 그 안에서 주관적으로 계획을 수립하는 것이 바람직하다. 주관적으로 판단할 때는 직관적으로 판단해도 상관없고 다른 사람의 의견을 참고해 스스로 판단해도 된다. 여기서 포인트는 반드시 자신이 직접 결정을 내려야 한다는 것이다.

5가지의 사고축을 통합하기

이제부터 실제로 어떤 프로세스를 통해 계획을 수립해나가야 할지 생각해보자. 계획수립 프로세스는 일반적으로 도표 11-10과 같다. 그리고 이를 바탕으로, 개념의 세계와 형상의 세계를 넘나들며 개념적으로 '계획'을 수립하는 데 필요한 프레임워크를 구성하면 도표 11-11과 같다.

전체적인 흐름은 '① 목표 정의 → ② 목표 설정 → ③ 목표 달성/

도표 11-10 계획 수립 프로세스

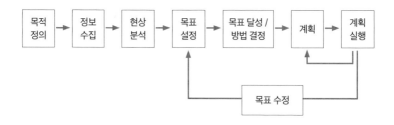

도표 11-11 컨셉추얼한 계획의 개념

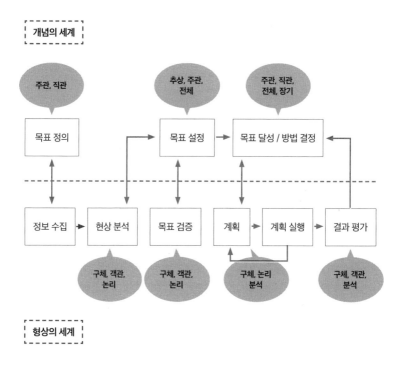

방법 결정 → ④ 계획 → ⑤ 계획 실행' 등 5단계로 구성되어 있고, 각 단계마다 몇 가지 요소가 포함되어 있다. 그리고 각 요소는 5가지 사고축과 결부되어 있다.

①~③은 개념의 세계, 그리고 ④~⑤는 형상의 세계에 해당한다. 앞에서 살펴본 콘셉트를 구상하는 과정과 마찬가지로 계획을 수립할 때도 개념의 세계와 형상의 세계를 넘나드는 과정은 여러 프로세스에 걸쳐 이뤄진다. 5가지 사고축을 의식하면서 실행하면 개념적으로 계획을 수립할 수 있다.

수집한 정보와 통찰한 결과를 정리하라

그다음으로는 이와 같은 프로세스를 통하지 않고 5가지 사고축을 활용해 계획을 수립하는 방법을 살펴보자. 이를 위해서는 모든 사고축을 통합적으로 활용해야 한다.

앞에서 본 것처럼 5가지 축을 나열한 뒤 이 중 어떤 사고축에서 결론을 도출할 것인지, 그리고 각각의 사고축이 서로 어떤 관계를 갖는지 명확히 정리해야 한다. 그런 뒤에는 이렇게 정리한 틀을 토대로 수집한 정보와 통찰한 결과를 정리해나가야 한다.

계획 수립 시에는 몇 가지 단계를 거치므로 5가지 축을 바탕으로 사고할 때도 몇 가지로 나눠서 생각해야 더 쉽게 이해할 수 있을 것 같다. 예를 들어 목표 정의와 목표 설정을 하나의 카테고리로 분류해보자. 가령 다음과 같은 상황에서 프로젝트의 계획을 수립해야 한다고 해보자.

일본의 대표적인 화과자 전문점 와가시혼포는 150년 가깝게 화과자만을 제조하고 판매해온 기업이다. 현재 도쿄 도심부에 본점을 비롯한 20개 지점을 운영하고 있다. 대부분 백화점에 입점했고, 계절에 따라 조금씩 다르지만 평균적으로 100가지 정도의 제품을 판매하고 있다. 본점과 직영점에서는 모든 제품을 취급하고 백화점에서는 몇 가지 한정된 상품만 다룬다.

단골손님이 많고 아이들보다는 주로 어른들이 선호하는 브랜드인 만큼, 와가시혼포는 성인 고객을 타깃으로 해 최신 트렌드를 반영한 신제품을 매년 몇 가지씩 개발해왔다. 창립 150주년을 맞이해 젊은 고객층을 확보하기 위해 '최고 품질의 고객 체험'을 선사하겠다고 선언하고 혁신 프로젝트를 추진하려고 한다.

여기서는 프로젝트의 목적과 목표를 어떻게 설정해야 할지에 대해 5가지 사고축을 활용해 생각해보자. 계획(목적과 목표) 수립 시에는 보통 '전체적×분석적' 사고축 또는 '추상적×구체적' 사고축에 목적과 목표를 둔다. 여기서는 '추상적×구체적' 사고축에 두고 추상을 목적으로, 구체를 목표로 설정해보자(도표 11-12).

그다음에는 5가지 사고축의 상호관계를 설정한다. 여기서는 '추상적×구체적' 사고축을 중심으로 다른 네 개 축이 관계를 맺는 것으로 설정하되, 전체의 방향성을 설정하는 데 있어서 '주관'을 활용하기 위해 '전체적×분석적' 사고축과 '주관적×객관적' 사고축도 서로 연결하기로 하자. 이렇게 한 뒤 도표 11-12와 같이 각 사고축에 해당하는 질문을 채워보자.

도표 11-12 계획 수립을 위한 5가지 사고축 통합 프레임과 관련 질문

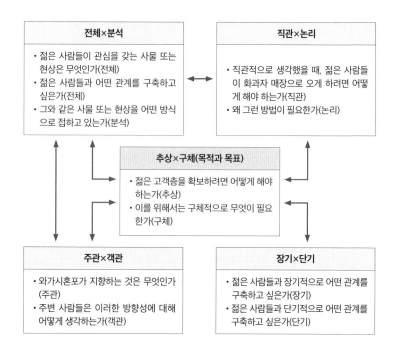

간단한 것부터 답을 채워라

이와 같은 질문을 서로 관련지으면서 그에 맞는 답을 찾아나가다 보면 도표 11-13과 같이 정리할 수 있다. '추상적×구체적' 사고축을 목적과 목표로 활용하기 위해서는 우선 '전체적×분석적' 사고축, '주관적×객관적' 사고축 등 주변에 있는 것부터 답해나갈 필요가 있다.

도표 11-13 5가지 사고축을 활용한 계획 수립 사례

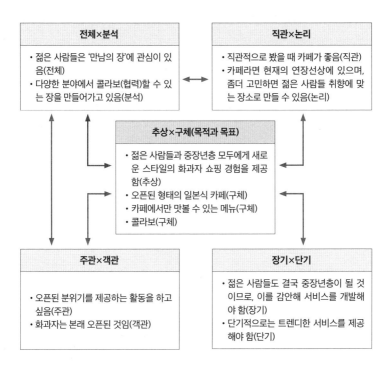

전체×분석	직관×논리
• 젊은 사람들은 '만남의 장'에 관심이 있음(전체) • 다양한 분야에서 콜라보(협력)할 수 있는 장을 만들어가고 있음(분석)	• 직관적으로 봤을 때 카페가 좋음(직관) • 카페라면 현재의 연장선상에 있으며, 좀더 고민하면 젊은 사람들 취향에 맞는 장소로 만들 수 있음(논리)

추상×구체(목적과 목표)

• 젊은 사람들과 중장년층 모두에게 새로운 스타일의 화과자 쇼핑 경험을 제공함(추상)
• 오픈된 형태의 일본식 카페(구체)
• 카페에서만 맛볼 수 있는 메뉴(구체)
• 콜라보(구체)

주관×객관	장기×단기
• 오픈된 분위기를 제공하는 활동을 하고 싶음(주관) • 화과자는 본래 오픈된 것임(객관)	• 젊은 사람들도 결국 중장년층이 될 것이므로, 이를 감안해 서비스를 개발해야 함(장기) • 단기적으로는 트렌디한 서비스를 제공해야 함(단기)

4. 본질적 문제해결인지 검증하라

이제 문제를 해결하는 과정에 대해서 생각해보자. 1장에서 소개한 것처럼 컨셉추얼 씽킹을 잘하는 사람과 잘하지 못하는 사람의 차이는 크게 보면 다음과 같다.

• 잘하는 리더: 문제의 본질을 명확히 파악하고 개념적인 차원에서 해결

하기 때문에 유사한 문제가 재발하지 않음

• 못하는 리더: 눈앞에 보이는 문제만 해결하기 때문에 유사한 문제가 재발함

컨셉추얼 씽킹에 능하지 않은 리더는 문제를 해결할 때 다음과 같은 문제를 일으키기 쉽다.

① 눈앞에 보이는 문제를 해결하는 것으로 만족하기 때문에 유사한 문제가 다시 발생함(재발)

② 새롭게 발생한 문제를 정의하지 못하고 기존 문제의 틀에 갇혀 있음(선입견)

③ 사람에 따라 동일한 문제를 다른 방식으로 인식할 수도 있다는 사실을 받아들이지 않음(주체성 결여)

문제행동 개선하기 (1)

컨셉추얼 씽킹 능력이 부족한 사람이 문제해결 과정에서 자주 범하는 잘못은 '① 눈앞에 보이는 문제를 해결하는 것으로 만족하기 때문에 유사한 문제가 다시 발생하는 것(재발)'이다.

이와 같은 문제를 일으키지 않고 계획을 수립하려면 어떻게 해야 할까. 우선 다음 사항을 반드시 체크해야 한다.

• 전체적으로 보면 어떤 문제인가 / 분석적으로 보면 어떤 문제인가

• 장기적으로 보면 어떤 문제인가 / 단기적으로 보면 어떤 문제인가

일반적으로 어떤 문제가 발생하면 발등에 떨어진 불로만 여기기 쉬운데, 이렇게 하기보다는 '전체적인 관점에서 봤을 때 무슨 문제이며, 이 문제가 현실적으로는 어떤 양상으로 벌어지고 있는지'를 살펴볼 필요가 있다. 즉 '전체적×분석적' 사고축을 활용해 사고해야 한다. 앞에서 언급한 교통사고 사례로 이야기하자면, 운전기술 등 세부적인 것을 문제시할 것인지 아니면 운전환경처럼 전체적인 것을 문제시할 것인지에 따라 해결 방법이 달라진다. 따라서 양쪽 관점에서 균형 있게 바라보면서 문제를 정의해야 한다. 이 사례에서는 운전환경에 문제가 있는 것으로 인식했다. 이러한 사고축은 구체적인 개념으로서 발생하고 있는 문제를 파악할 때 필요하며, 사고의 추상화 정도를 생각할 때 필수불가결하다.

이와 더불어 장기적인 관점에서 봤을 때 무슨 문제인지 그리고 이 문제가 지금 어떤 형태로 전개되고 있는지를 생각해볼 필요가 있다. 즉 '장기적×단기적' 사고축을 활용한 사고다. 운전환경 문제는 단기적으로 보면 도로의 문제지만 장기적으로 보면 교통량도 포함하는 문제다. 이처럼 '장기적×단기적' 시점은 문제 해결책을 찾을 때 어느 정도의 기간을 고려해야 하는지를 판단할 때 중요한 역할을 한다.

이처럼 생각함과 동시에, '추상적으로 생각하면 무슨 문제이며 어떤 해결책을 생각해볼 수 있을지' 그리고 '이를 구체화하면 어떤 형태의 해결책이 될 수 있을지'를 검토해볼 필요가 있다.

즉 동일한 교통사고라도 무엇을 원인으로 보느냐에 따라 추상화 정도가 달라진다. 예를 들어 교통사고 전반을 대응으로 하느냐 운전 실수로 인한 사고를 대상으로 하느냐에 따라 문제의 추상화 정도가 달라지는 것이다. 추상화를 적절히 할 수 있어야 그만큼 문제해결 방법을 수월하게 찾을 수 있다.

이와 같은 과정을 통해 문제의 본질을 파악하고 개념 수준에서 해결할 수 있다. 결과적으로 유사한 문제가 재발하지 않도록 방지할 수 있다.

문제행동 개선하기 (2)

컨셉추얼 씽킹 능력이 부족한 사람이 범하기 쉬운 두 번째 잘못, 즉 '② 새롭게 발생한 문제를 정의하지 못하고 기존 문제의 틀에 갇혀 있는 것(선입견)'에 대해 생각해보자. 직면한 문제가 어떤 문제 인지를 제대로 인식하지 못하는 것이다. 차량 자체에 발생한 적이 있던 문제가 이번 교통사고의 원인이라고 보는 것이 그 예다. 이와 같은 오류를 범하지 않으려면 우선 다음 사항을 세심히 체크해야 한다.

• 전체적으로 보면 어떤 문제인가 / 분석적으로 보면 어떤 문제인가

추상적 사고와 구체적 사고를 넘나들더라도 관점이 달라지는

않기 때문에, 전체적 사고와 분석적 사고를 병행할 필요가 있다. 예를 들어 운전환경이 문제라고 전체적으로 판단한 뒤 상세히 분석해 보면 차량 문제라는 인자를 자연스레 도출할 수 있다. 또한 관점을 바꿔 보려면 다음 사항을 생각해볼 필요도 있다.

• 직관적으로 봤을 때 문제해결 방법은 무엇일까 / 이를 논리적으로 어떻게 설명할 수 있을까

해결방법을 먼저 구상한 뒤 이를 통해 문제가 무엇인지를 거꾸로 생각해보는 것도 효과적이다. 이와 같은 과정을 통해 '본질에 대한 이해를 바탕으로 문제를 정의'할 수 있다.

문제행동 개선하기 (3)

'③ 사람에 따라 동일한 문제를 다른 방식으로 인식할 수도 있다는 사실을 받아들이지 않는(주체성 결여)' 문제행동을 어떻게 개선해야 할지 생각해보자. 이는 문제의 주체가 누구인지를 명확히 인식하지 못하는 데서 비롯된 이슈다. 교통사고 상황을 예로 들면 '운전자는 보통 자신에게 책임이 없다고 여긴다'는 사실을 받아들이지 않는 것에 해당한다. 이와 같은 문제행동을 개선하려면 우선 다음 사항을 객관적으로 생각할 필요가 있다.

• 당신에게는 무엇이 문제가 되는지를 주관적으로 생각하고 / 다른 사람

에게는 무엇이 문제가 되는지를 객관적으로 생각한다.

그러고 나서 다음 사항을 생각해보면 '주관적으로 문제의 본질을 파악해 개념 차원과 형상 차원을 넘나들며 문제를 해결'할 수 있게 된다.

• 당신이 추상적으로 생각했을 때 무엇이 문제이며, 이에 대한 해결책으로 무엇이 있을지, 그리고 해결책을 구체화하면 어떻게 되는가

물론 이 3가지가 전부는 아니다. 그러나 그 외의 어떤 문제행동이든 이와 같은 5가지 축을 활용한 컨셉추얼 씽킹을 통해 문제를 해결하고자 할 때 범하기 쉬운 잘못을 개선할 수 있다.

구체적인 것에서 추상적으로, 다시 구체화까지

그렇다면 어떻게 해야 5가지 축을 통합적으로 활용해 개념 차원에서 문제를 해결해나갈 수 있을지 생각해보자. 개념의 세계와 형상의 세계를 넘나들며 문제를 개념적 차원에서 해결해나가는 수순은 도표 11-14와 같이 표현할 수 있다.

앞에서 몇 차례 살펴본 바와 같이, 개념의 세계와 형상의 세계를 넘나드는 과정은 여러 프로세스에 걸쳐 이뤄진다. 예를 들어 구체적으로 정보를 수집하고, 추상적으로 문제를 선정하며, 추상적인 해결책을 검토한 뒤 이를 구체화해나가는 식이다.

도표 11-14 개념적 차원에서의 문제해결 방법

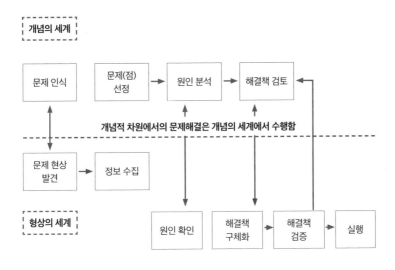

각 요소를 5가지 사고축과 관련지은 것이 바로 도표 11-3이다. 이와 같은 정형화된 프로세스를 통하는 방법 외에, 5가지 사고축을 활용해 문제를 해결할 수도 있다. 이를 위해서는 모든 사고축을 통합적으로 활용해야 한다. 도표 11-15와 같이 5가지 축을 나열한 뒤 이중 어떤 사고축에서 결론을 도출할 것인지, 그리고 각각의 사고축이 서로 어떤 관계를 갖는지를 명확히 정리해야 한다. 그런 뒤에는 이렇게 정리한 틀을 토대로 수집한 정보와 통찰한 결과를 정리해나가야 한다. 우선 각 사고축에 해당하는 질문부터 살펴보자(도표 11-15).

이와 같이 각각의 질문을 서로 관련지으면서 질문과 대답을 반복해나가면 5가지 사고축을 통합적으로 활용할 수 있다.

도표 11-15 문제해결을 위한 5가지 사고축 통합 프레임과 관련 질문

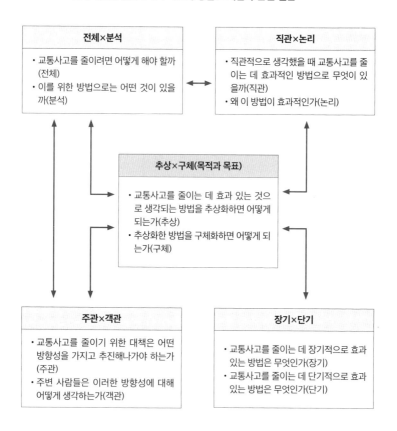

도표 11-16은 도표 11-15의 질문을 바탕으로 '교통사고 방지'라는 문제를 해결하기 위해 고민한 결과다. 5가지 사고축의 양극단을 넘나들며 생각한 결과를 정리해야 하며, 화살표가 표시된 부분에서는 각각 다른 시점을 통해서도 살펴봐야 한다.

예를 들어 '전체×분석'과 '주관×객관' 사이에 화살표가 표시되

도표 11-16 5가지 사고축을 활용한 문제 해결 사례

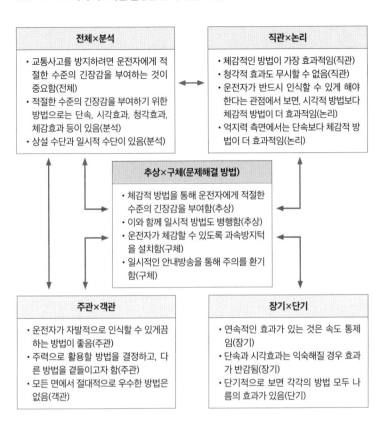

어 있는데, 이는 '전체적×분석적' 사고축과 '주관적×객관적' 사고축을 섞어서 생각할 필요가 있음을 의미한다. 이처럼 5가지의 사고축을 통합적으로 활용해 개념적 차원에서 문제를 해결해나간다.

5. 빠른 식별이 정확한 의사결정을 이끈다

다음으로 의사결정 행동에 대해서 생각해보자. 1장에서 소개한 것처럼, 컨셉추얼 씽킹을 잘하는 사람과 잘하지 못하는 사람의 차이는 크게 보면 다음과 같다.

- 잘하는 리더: 결정해야 할 것이 무엇인지 명확하게 식별하므로 신속히 의사결정할 수 있음
- 못하는 리더: 의사결정의 방향성을 명확히 수립하지 않은 채 정보를 수집하는 데만 급급하기 때문에 쉽게 결정을 내리지 못함

컨셉추얼 씽킹을 잘하지 못하는 리더는 의사결정 시 다음과 같은 문제를 일으키기 쉽다.

① 선택지가 불명확해 결정하는 데 오래 걸림
② 객관성과 논리성에 집착한 결과, 정보수집에 주로 시간을 쏟고 결정은 내리지 못함
③ 장기적인 안목을 갖지 못하고 부분적으로 최적화된 결정을 내림

문제행동 개선하기 (1)

컨셉추얼 씽킹 능력이 부족한 사람이 의사결정 과정에서 자주 범하는 문제행동은 '① 선택지가 불명확해 결정하는 데 오래 걸리는

것'이다. 의사결정이란 무엇인가를 결정하는 행위인데 무엇을 결정해야 할지를 결정하는 것이 어려운 경우가 있다. 예를 들어 프로젝트를 수행할 때 야근을 해야 할지, 하지 말아야 할지를 결정해야 한다고 해보자. 선택지로는 '야근한다와 야근하지 않는다'라는 2가지를 생각할 수 있지만, 이를 바탕으로 결정을 내린 뒤에는 반드시 부가적인 조건도 함께 고려해야 하는 문제가 따른다.

다시 말해 2가지 선택지 외에 모종의 조건이 붙은 선택지에 대해서도 고려해야 하는 것이다. 야근하기로 한다면 1주일에 몇 시간까지 괜찮은지, 야근하지 않기로 했어도 프로젝트 매니저가 하라고 지시한다면 어떻게 할 것인지 등이 그 예다. 의사결정 방법 중에 선택지 설정에 역점을 두는 방법이 많은 것은 이 때문이다.

그렇다면 왜 이러한 상황이 발생하는 것일까. 첫 번째 이유는 의사결정 해야 할 문제에 대해 전체적으로 파악하지 않았기 때문이라는 점을 들 수 있다. 야근을 할지 말지를 결정해야 하는 상황에서는 '야근' 자체가 문제라고 파악했다. 그러나 전체적으로 봤을 때 야근을 해야 할지 말아야 할지보다는 '어떻게 일해야 생산성과 만족도를 높일 수 있을지'가 더욱 본질적인 문제인 경우가 많다.

두 번째 이유는, 이렇게 파악한 전체적인 상황을 제대로 분석하지 못했다는 데 있다. 이는 의사결정해야 할 문제의 본질이 무엇인지를 정확히 파악하지 않았기 때문이다. 야근 문제의 본질이 생산성에 있다는 것을 인식할 수 있다면 어떻게 분석해야 할지 명확하게 판단할 수 있고 그 자체가 선택지 역할을 하게 된다. 따라서 문제행동을 개선하려면 문제를 전체적으로 파악하고 그 결과에 대한 분석을 통해 선택지를 도출해야 한다. 이를 통해 의사결정 속도를 한층 끌어올릴 수 있을 것이다.

문제행동 개선하기 (2)

컨셉추얼 씽킹 능력이 부족한 사람이 범하기 쉬운 두 번째 문제행동은 '② 객관성과 논리성에 집착한 결과, 정보수집에 주로 시간을 쏟고 결정은 내리지 못하는 것'이다. 이와 같은 현상은 선택지를 결정하거나 선택하는 상황에서 자주 눈에 띈다. 로지컬 씽킹이라는 말이 워낙 널리 퍼지다 보니 논리성을 갖춰야 한다는 생각에 집착하는 사람들이 많다. 그러나 의사결정이라는 것은 논리적으로는 결정할 수 없을 때 하는 행동이다. 이를 잘못 알고 있는 사람들은 논리적으로 판단할 수 있는 상황이 될 때까지 정보를 모으려고 한다.

아무리 논리적으로 생각한다고 해도 모든 상황에 들어맞는 답을 얻을 수는 없다. 야근 문제의 경우도, 야근을 하지 않으면 생산성이 향상될 것이라고 논리적으로 판단한다 해도 실제로 100% 그렇게 되리라고 보장할 수는 없다. 그런데도 될 수 있다는 생각만으로 결정을 내리는 것이다. 관건은 정보를 어느 정도 모아야 판단을 내릴 수 있느냐는 것이다. 컨셉추얼 씽킹에 능한 사람은 정보를 더 이상 모아봤자 큰 의미가 없는 시점이 언제인지를 잘 포착한다. 반면 그렇지 못한 사람은 그런 감각 없이 정보를 계속 수집하고 싶어한다. 이는 전체를 보지 못하기 때문에 빚어지는 결과다.

반대로 이야기하면, 전체적인 상황을 전체적으로 파악할 수 있을 때 정보 수집을 멈춰야 할 시점도 잘 판단할 수 있다. 다만 이런 판단에는 주관이 개입되기 마련이므로 객관성을 어느 정도 확보할 필요가 있다.

따라서 문제행동을 개선하려면, 결정하고자 하는 문제와 선택지의 전체상을 파악한 뒤 의미 있는 정보만을 수집해야 한다.

문제행동 개선하기 (3)

컨셉추얼 씽킹 능력이 부족한 사람이 범하기 쉬운 세 번째 문제행동은 '③ 장기적인 안목을 갖지 못하고 부분적으로 최적화된 결정을 내리는 것'이다. 이는 결정해야 하는 사안이 당장 어떤 문제를 일으키고 있는 경우에 자주 범하는 실수이기도 하다.

예를 들어 야근을 해야 할지 말아야 할지를 당장 결정해야 한다고 생각한 나머지 자기도 모르게 '야근' 자체에만 초점을 맞추게 되는 것이다. 그러나 실제로는 오히려 눈앞의 문제에만 초점을 맞추다 보니 제대로 결정을 내릴 수 없는 경우가 많다. 야근 문제는 특히 그렇다.

장기적 안목을 통해 해결방안을 모색하면 선택지를 설정하고 선택하고자 할 때 새로운 관점에서 바라볼 수 있다. 그 결과 한층 더 순조롭게 의사결정을 할 수 있다. 가령 장기적인 커리어를 고려하면 '야근하지 않는 것이 좋다'고 의외로 쉽게 판단할 수 있을지도 모른다. 결국 의사결정을 할 때는 장기적 안목에서도 바라봐야 한다는 것인데, 이는 문제행동을 개선하는 것뿐만 아니라 의사결정 속도를 끌어올리는 데도 도움이 된다.

5가지 사고축을 통합하기

그러면 이제부터 5가지 사고축을 통합적으로 활용해 앞서 소개한 문제행동을 일으키지 않고 의사결정을 내리는 방법에 대해 살펴보자. 의사결정 프로세스는 일반적으로 도표 11-17과 같다.

그리고 이를 바탕으로, 개념의 세계와 형상의 세계를 넘나들며 개념적으로 '의사결정'하는 데 필요한 프레임워크를 구성하면 도표

도표 11-17 일반적인 의사결정 프로세스

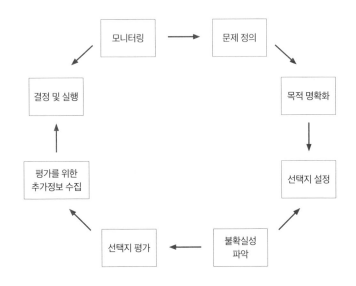

11-18과 같다.

전체적인 흐름은 '① 문제 정의 → ② 목적 명확화 → ③ 선택지 설정 및 불확실성 파악 → ④ 선택지 평가 → ⑤ 결정 및 실행, 모니터링' 등 5단계로 구성되어 있고 각 단계마다 몇 가지 요소가 포함되어 있다. 그리고 각 요소는 5가지 사고축과 결부되어 있다.

가장 먼저 '문제 정의', '목적 명확화', '선택지 설정'을 개념의 세계에서 수행한다. 선택지가 추상적인 경우에는 형상의 세계에서 선택지의 각 요소를 구체화한 뒤 불확실성을 파악한다.

도표 11-18 개념적 차원에서의 의사결정 방법

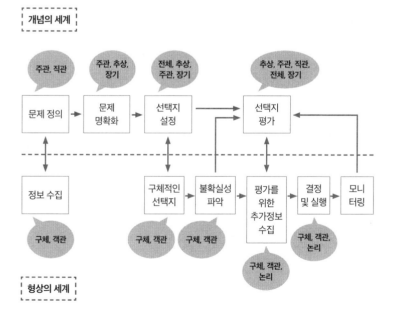

그런 다음 불확실성을 고려하면서 개념의 세계에서 선택지를 평가한다. 선택지가 추상적일 때는 구체화한 선택지를 대신 평가할 수도 있다. 평가한 뒤에는 형상의 세계에서 선택지를 선정하고 실행한 뒤 모니터링을 한다.

이처럼 5가지 사고축을 의식하면서 프로세스를 밟아나가면, 개념적 차원에서 의사결정을 내릴 수 있다.

논리 전개 과정을 보여주는 것이 설득이다

다음으로 이와 같은 프로세스를 통하지 않고 5가지 사고축을 활용해 의사결정을 하는 방법을 살펴보자. 이를 위해서는 모든 사고축을 통합적으로 활용해야 한다.

도표 11-19와 같이 5가지 축을 나열한 뒤 이 중 어떤 사고축에서 결론을 도출할 것인지, 그리고 각각의 사고축이 서로 어떤 관계를 갖는지를 명확히 정리해야 한다. 그런 다음에는 이렇게 정리한 틀을 토대로 수집한 정보와 통찰한 결과를 정리해나가야 한다. 프로젝트 주제를 결정해야 하는 상황을 예로 들어보자.

교토에서 배의 돛을 활용해 만드는 가방을 생산·판매하는 A사는 심플한 디자인 때문에 주로 관광객들에게 인기가 많고 이들을 상대로 안정적으로 매상을 올리고 있다. 창업 후 15년간 순조롭게 성장해 연매출은 약 300억 원(이익률 40%) 수준에 이르렀다. 그러나 최근 5년 동안 제자리걸음을 반복했다.

제품단가는 40만 원 수준으로 매년 7~8만 개 정도 팔려나간다.

도표 11-19 의사결정을 위한 5가지 사고축 통합 프레임과 관련 질문

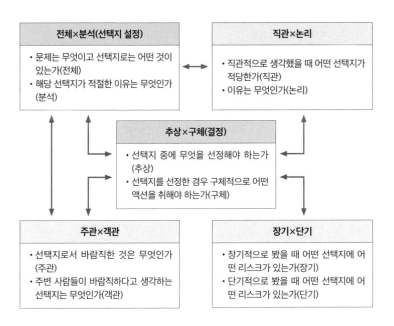

현재 직영점 세 곳과 시내 백화점과 기념품 매장 열 군데를 통해 판매하고 있다는데, 약 50종의 제품 중 10가지 제품이 꾸준히 잘 팔리고 있다. 이밖에 가끔씩 특정 기간에만 판매하는 제품도 있다. 회사 대표는 어느 날 "창립 20주년을 기점으로 해서 범포 관련 패션기업으로 한 번 더 도약했으면 한다. 매출 목표는 500억 원으로 설정하고, 인터넷을 활용해 고객 저변을 더욱 넓혀나갔으면 한다.'라고 선언했다.

어떻게 해야 할까. 이때 해야 할 일은 '선택지를 설정하는 것'과 '선택지를 선택하는 것'인데 1개의 사고축만으로는 어려우므로 5가

도표 11-20 5가지 사고축을 활용한 의사결정 사례

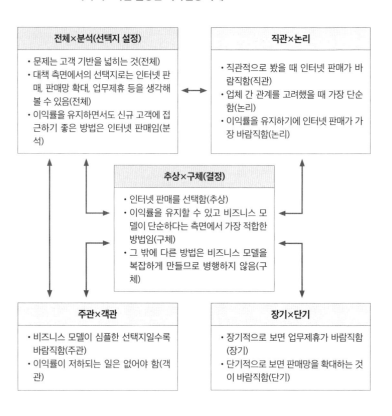

지 축을 통합적으로 활용할 필요가 있다. 여기서는 '전체적×분석적' 사고축을 통해 선택지를 특정하고, '추상적×구체적' 사고축을 활용해 선택지를 평가하기로 했다고 해보자. 각 사고축에 해당하는 질문을 채워보면 도표 11-19와 같다.

이와 같은 질문을 서로 관련지으면서 그에 맞는 답을 찾아나가다 보면 도표 11-20과 같이 정리할 수 있다.

6. 소통은 관계가 아닌 영향력이다

마지막으로 대인관계에 대해서 생각해보자. 1장에서 설명한 것처럼, 컨셉추얼 씽킹을 잘하는 사람과 잘하지 못하는 사람의 차이는 크게 보면 다음과 같다.

- 잘하는 리더: 커뮤니케이션 과정을 구조적으로 파악하고 해당 구조를 활용해 상대방에게 영향을 줌
- 못하는 리더: 오로지 인간관계에만 주의를 기울인 나머지 상대방에게 영향을 주지 못함

여기서는 특히 커뮤니케이션에 초점을 맞춰 생각해보고자 한다. 컨셉추얼 씽킹을 잘하지 못하는 사람은 커뮤니케이션 할 때 다음과 같은 문제를 일으키기 쉽다.

① 이야기를 듣는 데만 집중해 상대방에게 영향을 주기 위한 흐름을 형성하지 못함
② 인간관계를 구축하는 데만 집중해 상대방에게 영향력을 제대로 행사하지 못함
③ 들은 이야기를 단순히 다른 사람에게 전달하기만 함

문제행동 개선하기 (1)

컨셉추얼 씽킹 능력이 부족한 사람이 커뮤니케이션 과정에서 자주 범하는 문제행동은 '① 이야기를 듣는 데만 집중해 상대방에게 영향을 주기 위한 흐름을 형성하지 못하는 것'이다. 커뮤니케이션 분야에는 커뮤니케이션 피라미드라는 개념이 있다. 이는 도표 11-21 과 같이 커뮤니케이션을 통해 상대방에게 전달하고자 하는 바를 '가치관 〉 로직 〉 정보' 등으로 계층화한 것이다.

먼저 정보 커뮤니케이션은 정보를 교환하는 활동이며 보고·연락·의논 과정에서 주로 이뤄진다. 다만 '의논'할 때는 단순히 정보만 교환하지는 않는다고 생각하는 사람이 많다. 그러나 의논이란 자기 혼자 판단하기 어려운 경우에 상사나 선배, 동료에게 의견을 묻는 행위이며 이때 서로 주고받는 것이 결국 정보다.

다음으로 로직 커뮤니케이션은 논리를 전개하는 활동이다. 제안하거나 기획한 내용을 상대방에게 전달할 때는 정보뿐 아니라 왜 그런 결론에 도달하게 됐는지를 논리적으로 설명할 수 있어야 한다. 즉 반드시 전달해야 할 것은 정보가 아니라 논리이며, 일반적으로 논리적 사고를 도구로 한다.

피라미드의 맨 꼭대기에는 가치관 커뮤니케이션이 자리한다. 가치관을 논리로는 전달할 수 없고 감정 내지는 개념이 필요하다.

이렇게 생각해보면 휴먼 스킬과 컨셉추얼 스킬이 서로 어떻게 역할을 분담하고 있는지 알 수 있다. 휴먼 스킬로서의 커뮤니케이션 스킬에 대해 이야기할 때 가치관·로직·정보를 서로 구분하지 않고

도표 11-21 커뮤니케이션 피라미드

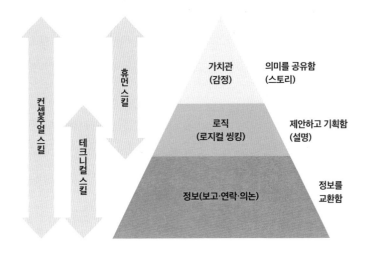

생각하는 경우가 많은데, 이는 분명 잘못된 것이다. 로직(논리 전개)을 전달하고자 하는 상황을 생각해보면 바로 이해할 수 있다. 논리적으로 생각(로지컬 씽킹)하지 못하고 단순히 정보만 전달하려 한다면 상대방을 설득(논리 전달)할 수 없기 때문이다.

한편 가치관을 전달하고자 할 때는 어떤 스킬이 필요할까. 감정이란 주관이자 직관이다. 결국 가치관을 전달하기 위해서는 '컨셉추얼 씽킹'이 필요하다. 예를 들어 '손님은 왕'이라는 가치관을 전달한다고 해보자. 무언가를 선호한다는 것은 어디까지나 주관적인 생각이므로, 이것이 무엇인지 논리적으로 설명할 필요가 생긴다. 그러면 지금까지 살펴본 내용을 정리하면 다음과 같다.

· 커뮤니케이션 스킬(휴먼 스킬)은 듣고 말하는 행동 능력을 의미하며, 가치관·논리·정보를 전달하는 데 필요함

· 이 중에서 로직과 가치관을 전달하고자 할 때는 컨셉추얼 스킬도 필요함

즉 로직과 가치관을 전달하려면 휴먼 스킬뿐만 아니라 컨셉추얼 스킬도 필요한 것이다. 바꿔 말하면, 커뮤니케이션이 제대로 이뤄지지 않는 까닭은 휴먼 스킬이 아닌 컨셉추얼 스킬이 부족하기 때문일 수도 있다는 이야기다.

결국 문제행동을 개선하기 위해서는 커뮤니케이션의 목적은 상대방을 움직이는 데 있으므로 영향을 미치는 것을 가장 중요하게 여기는 것이 필요하다.

문제행동 개선하기 (2)

컨셉추얼 씽킹 능력이 부족한 사람이 범하기 쉬운 두 번째 문제행동은 '② 인간관계를 구축하는 데만 집중해 상대방에게 영향력을 제대로 발휘하지 못하는 것'이다.

이는 휴먼 스킬과 관련한 문제라고 생각하는 사람이 많은데, 첫 번째 문제행동에 대한 설명을 통해 알 수 있는 것처럼 이 또한 컨셉추얼 스킬 문제라고 볼 수 있다. 즉 좋은 인간관계를 맺고 유지하는 것 자체는 휴먼 스킬에 해당하지만, 이를 고집한 나머지 전달하고자 하는 내용을 구조화하지 못하는 문제가 발생하기 때문이다. 이러한

문제행동을 개선하려면 상대방에게 영향력을 행사함으로써 결과적으로 인간관계를 구축할 수 있다는 점을 생각할 필요가 있다.

문제행동 개선하기 (3)

컨셉추얼 씽킹 능력이 부족한 사람이 범하기 쉬운 세 번째 문제행동은 '③ 들은 이야기를 단순히 다른 사람에게 전달하기만 하는 것'이다. 이른바 '떠넘기기'다. 이 또한 휴먼 스킬의 문제라고 생각하기 쉽다. 그러나 이런 상황은 주로 들은 이야기를 어떻게 구조화해야 할지 몰라 그대로 전달하는 것 외에는 방법이 없는 경우에 발생한다.

구조화하지 못하는 이유는 몇 가지가 있다. 첫째, 들은 내용을 포함해 커뮤니케이션하고자 하는 내용의 전체적인 모습이 머릿속에 잘 그려지지 않기 때문이다. 둘째, 들은 내용을 있는 그대로 받아들이기 때문이다. 커뮤니케이션할 때는 당연히 자신의 해석을 녹여 넣어야 한다. 그리고 상대방에게서 입수한 정보를 어떻게 받아들이고 이해할지는 본인이 결정해야 한다. 따라서 커뮤니케이션하고자 하는 내용의 전체상을 파악하고, 상대방에게 들은 내용이 그 안에서 어느 정도 위치에 해당하는지 판단할 수 있다면 문제행동을 개선할 수 있다.

하얀색과 밝은 색 사이의 진짜 마음

그러면 실제로 커뮤니케이션을 어떻게 해나가야 할까. 커뮤니케

도표 11-22 커뮤니케이션을 위한 5가지 사고축 통합 프레임과 관련 질문

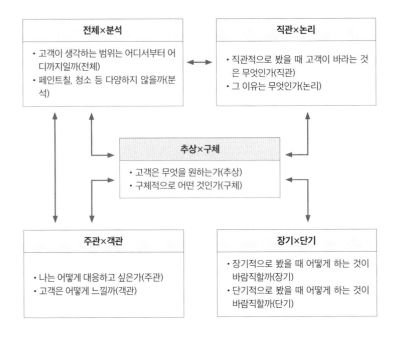

이션을 비롯한 대인관계 활동에는 명확한 프로세스가 없으므로 5가지 사고축을 통합적으로 활용할 필요가 있다.

도표 11-22와 같이 5가지 축을 나열한 뒤 이 중 어떤 사고축에서 결론을 도출할 것인지, 그리고 각각의 사고축이 서로 어떤 관계를 갖는지를 명확히 정리해야 한다. 그런 다음에는 이렇게 정리한 틀을 토대로 수집한 정보와 통찰한 결과를 정리해나가야 한다.

예를 들어 페인트공이 집의 벽면을 흰색으로 칠해달라는 고객의 요청을 받았다고 해보자. 고객과 이야기를 나누다 보니 진짜 흰색을

도표 11-23 5가지 사고축을 활용한 커뮤니케이션 사례

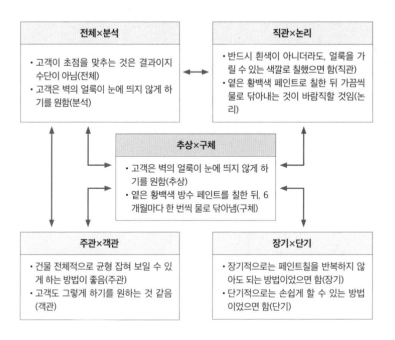

전체×분석	직관×논리
• 고객이 초점을 맞추는 것은 결과이지 수단이 아님(전체) • 고객은 벽의 얼룩이 눈에 띄지 않게 하기를 원함(분석)	• 반드시 흰색이 아니더라도, 얼룩을 가릴 수 있는 색깔로 칠했으면 함(직관) • 옅은 황백색 페인트로 칠한 뒤 가끔씩 물로 닦아내는 것이 바람직할 것임(논리)

추상×구체
• 고객은 벽의 얼룩이 눈에 띄지 않게 하기를 원함(추상)
• 옅은 황백색 방수 페인트를 칠한 뒤, 6개월마다 한 번씩 물로 닦아냄(구체)

주관×객관	장기×단기
• 건물 전체적으로 균형 잡혀 보일 수 있게 하는 방법이 좋음(주관) • 고객도 그렇게 하기를 원하는 것 같음(객관)	• 장기적으로는 페인트칠을 반복하지 않아도 되는 방법이었으면 함(장기) • 단기적으로는 손쉽게 할 수 있는 방법이었으면 함(단기)

원하는 것이 맞나 하는 의구심이 들었다. 고객의 속마음을 확인하기 위해서 어떻게 커뮤니케이션하는 것이 좋을지, 5가지의 사고축을 활용해 생각해보자.

고객이 정말로 원하는 것이 무엇일지는 '추상적×구체적' 사고축을 통해 도출하기로 하자(도표 11-22). 그리고 각각의 사고축에 해당하는 질문을 채워 넣은 후, 답을 해나가면서 커뮤니케이션해야 하는 내용을 결정해나가야 한다(도표 11-23).

CONCEP
TUAL
THINKING

PART 12

'컨셉추얼' 시대에
생존하는 법

창의적인 설계자일수록 생산적이라고 할 수 있다.

바꿔 말하면, 창조성과 생산성이 서로 상승작용을 일으키는 관계라고 보아야

생산성이라는 단어를 현대적으로 해석한 것이라고 할 수 있다.

본질은 콘셉트에 있다

디자인컨설팅 기업인 아이데오IDEO와 혁신 분야에서 쌍벽을 이루는 연구기관이 있다. 바로 MIT의 미디어랩이다. 기술 중심의 혁신을 추구하는 미디어랩은 맨-머신 인터페이스Man-Machine Interface 개발에 초점을 맞추고 다양한 각도로 시도하고 있다.

미디어랩을 창설(1985년)한 인물은 니콜라스 네그로폰테라고 하는 컴퓨터과학자다. 컴퓨터 관련 잡지인 〈와이어드 매거진Wired Magazine〉 창간(1992년)에도 관여하는 등 IT업계에 크나큰 영향을 주었다. 그는 '아톰(원자)에서 비트(정보)로'라는 일관된 주제로 매월 이 잡지에 칼럼을 기고하기도 했다. 그리고 비트가 구성하는 새로운 세계를 일컬어 '디지털화 시대'*라고 했다. 오늘날 우리가 경험하고 있는 디지털 혁명을 예견한 것이다. 아마도 디지털화 시대는 당분간 계속될 것이며, 앞으로는 디지털 못지않게 '컨셉추얼'이라는 키워드도 주목받게 될 것으로 보인다.

* Being Digital. 니콜라스 네그로폰테의 저서 《Being Digital》은 국내에 《디지털이다》라는 제목으로 출간되었음. 저자의 설명에 따르면 Digital 앞에 Being이란 단어를 붙인 이유는 기술뿐만 아니라 인간의 생활방식과 사고방식 모두 디지털'화'할 것이라는 전망을 담기 위함이었음. 결국 Being Digital은 '디지털화 시대'라고 옮기는 것이 저자의 의도를 더욱 잘 담아낼 수 있을 것으로 판단했음.

창조, 공감, 직관이라는 가치

컨셉추얼이라는 단어는 오래전부터 사용돼 왔고, 이를 비즈니스 스킬로서 바라보는 시각이 등장한 지도 60년 이상 흘렀다.

그러나 지금 이야기하는 컨셉추얼은 조금 의미가 다르다. 21세기를 대표하는 사상가이자 영향력 측면에서 네그로폰테에 버금가는 다니엘 핑크는 '하이콘셉트·하이터치 사회'*라는 개념을 제시했다. 그는 앨빈 토플러가 이야기한 '제3의 물결' 뒤에 찾아오는 것이 '제4의 물결'이며 이것이 바로 '하이콘셉트·하이터치 사회'라고 주장한다. 우리는 이를 '컨셉추얼화 시대'라고 부르기로 했다.

지식과 정보를 중심으로 하는 제3의 물결로 인해 네그로폰테가 이야기한 '디지털화 시대'가 도래했다. 디지털은 직선적, 논리적, 분석적 의미부여에 무게중심을 둔다. 반면 제4의 물결인 컨셉추얼화 시대에는 이보다 소프트한 부분이다.

- 창조력: 무에서 유를 창조하는 능력
- 공감력: 타인의 감정과 문제를 이해하는 능력
- 직관력: 감정을 바탕으로 상황을 이해하고 인식하는 능력 등이 중심이 된다(도표 12-1)

---

* 하이콘셉트는 인간의 창의성과 독창성을 바탕으로 새로운 아이디어를 창출하고 실현할 수 있는 능력을 의미하며, 하이터치는 하이콘셉트를 실현하기 위해 인간의 미묘한 감정을 이해하고 공감을 이끌어내는 능력을 의미함.

창조력:
무에서 유를 창조하는
능력

컨셉추얼화 시대

컨셉추얼화 시대:
보이지 않는 것을 파악하고 가치를
평가하며, 전체상을 머릿속에
그려나가며 사고하고 행동하는 것

직관력:
감정을 바탕으로 상황을
이해하고 인식하는 능력

공감력:
타인의 감정과 문제를
이해하는 능력

보이지 않는 것에서 가치 찾기

새로운 시대에는 사고방식도 달라질 필요가 있다. 최근 '로지컬 씽킹의 한계'에 대해 언급하는 사람들이 부쩍 늘어난 것도 이 때문이다. 문제해결이든 의사결정이든, 로지컬 씽킹만으로는 충분하지 않다는 인식이 확산되고 있다.

로지컬 씽킹에 결여된 요소는 무엇일까. 당장 생각할 수 있는 것으로는 센스, 콘셉트, 통찰, 직관, 결단 등이 있다. 이런 요소들 사이에 공통점이 하나 있다. 바로 '보이지 않는 것을 파악하고 가치를 평

도표 12-2 각 사고축의 역할

사고축	보이지 않는 것을 파악함	가치를 판단함	전체상을 그림
전체×분석	○		○
추상×구체	○		
주관×객관		○	
직관×논리		○	
장기×단기		○	○

가하며, 전체상을 머릿속에 그려나가며 사고하고 행동하는 것'과 관련이 있다는 점이다. 센스는 보이지 않는 것의 가치를 평가하는 것, 콘셉트는 보이지 않지만 전체적으로 어떤 모습을 하고 있는지를 파악하는 것을 의미한다. 그리고 통찰은 보이지는 않지만 당장 벌어지고 있는 어떤 현상에 대해 사고하는 것이고, 직관과 결단은 보이지 않는 것에 대해 판단하는 행위를 뜻한다. 결국 새로운 시대에 문제를 해결하고 의사결정을 하기 위해서는 로지컬 씽킹뿐만 아니라 이처럼 눈에 보이지 않는 '개념적인 것에 대한 이해'도 필요한 것이다.

나는 이러한 흐름을 '컨셉추얼화 시대'라고 부르고 있고, 이를 실현하기 위한 사고방식을 '컨셉추얼 씽킹'이라고 명명했다. 컨셉추얼 씽킹이란 '논리'에 플러스알파로서 센스·발상·통찰·직관·결단 등의 요소를 더한 사고방식이라고 할 수 있다. 이처럼 로지컬 씽킹에 몇 가지 요소를 추가하면 '컨셉추얼화 시대'를 살아가기 위한 사고의 기반이 되는데, 이와 같은 사고방식을 일컬어 컨셉추얼 씽킹이라고 하는 것이다. 도표 12-2는 앞에서 설명한 센스, 콘셉트, 통찰, 직관, 결단의 공통점을 컨셉추얼 씽킹을 구성하는 5가지의 사고축이 커버하고 있음을 보여준다.

생산성과 창조성은 하나로 통한다

지금까지 컨셉추얼 씽킹을 통해 무엇을 할 수 있는지를 설명했는데, 이는 '생산성과 창조성이라는 두 마리 토끼를 잡을 수 있다'는 말로 요약할 수 있다. 일반적으로 창조성은 생산성과 상반된 개념으로 여겨진다.

생산성 제고는 목표를 명확히 설정하고, 목표에 도달하기 위한 방법을 가급적 표준화함으로써 낭비를 최소화하는 일이라는 이미지가 강하다. 이와 달리 창조성 제고는 목표와 업무방식에 대해 유연하게 사고하며 실패하더라도 답을 찾을 때까지 몇 번이고 다시 시도하는 일이라는 이미지가 강하다. 이 때문에 서로 물과 기름의 관계인 것처럼 보이는 것이다.

〈다이아몬드 하버드 비즈니스 리뷰〉 2014년 11월호는 '창조성 vs. 생산성'이라는 주제를 특집으로 다루었다. 게이오대학교의 고토사카 마사히로 교수는 이 지면에 게재한 논문을 통해 "기업은 창조성을 통해 부가가치를 창출하는 한편, 생산성 향상을 통해 생산비용을 줄여나가야 하는 곤란한 상황에 처해 있다."고 하면서 윌리엄 애버

나디William J. Abernathy 전 하버드 비즈니스 스쿨 교수가 제창한 '생산성 딜레마'를 언급했다.

생산성 딜레마

생산성 딜레마는 생산성을 제고하고 비용을 낮추려고 노력할수록 새로운 디자인은 내놓을 수 없는 현상을 말한다. 윌리엄 애버나디 교수가 자동차 업계에서 처음 관찰한 현상이지만, 사실은 거의 모든 업계가 공통적으로 겪는 문제들이다. 조금 다른 관점에서 보면 생산성 딜레마가 혁신 딜레마*를 초래한다고도 할 수 있다. 고토사카 교수는 딜레마를 극복하기 위한 몇 가지 방안을 다음과 같이 제안했다.

- 여러 개의 작은 별동대를 만들고 이들에게 창조적인 일을 맡기는 것
- 창조성과 생산성이 공존할 수 있도록 제품과 서비스를 설계하는 것
- 창의적인 기술과 인재를 확보하는 것
- 적절한 평가지표와 임금체계를 운용하는 것
- 체계적인 시스템과 프로세스를 마련하는 것

---

* 하버드 비즈니스 스쿨의 클레이튼 크리스텐슨 교수가 1997년 《성공 기업의 딜레마》라는 책을 통해 제시한 개념으로, 성공한 기업이 주력 제품의 기술 혁신에만 집중해 후발 기업에게 주도권을 빼앗기는 현상을 의미함.

이와 같이 경영 관점에서 바라볼 수도 있지만, 관점을 조금 달리하면 '창조성'과 '생산성'은 본질적으로 시너지를 내는 관계다.

생산성의 본질은 혁신이다

생산성 딜레마는 분명 생산성의 지향점과 창조성의 지향점이 언뜻 서로 달라 보이기 때문에 야기되는 문제다.

우선 생산성이 무엇을 의미하는지부터 간단히 살펴보자. 생산성은 투입물 대비 산출물의 비율을 나타내는 지표로, 투입물에 비해 산출물이 많으면 많을수록 생산성이 높은 것이다. 생산성은 투입물의 종류에 따라 몇 가지로 나뉜다. 예를 들어 노동력을 투입물로 해서 성과를 평가하는 노동생산성, 자본을 투입물로 하는 자본생산성, 2가지 모두를 투입물로 하는 총요소생산성 등이 있다.

양에서 질로 가는 길

생산성이라는 개념에는 부가가치가 포함돼 있지만 고객가치는 들어 있지 않다. 산출물은 '양量'의 개념이며, 생산성은 동일한 가치를 갖는 결과물을 얼마나 많이 생산할 수 있는지를 나타내는 지표다. 생산에 초점을 맞춘 지표이기 때문에 어찌 보면 당연한 이야기다.

공장에서 생산하는 경우라면, 설비(자본)가 고정돼 있고 작업 또한 설비에 맞춰 이루어지는 정형화된 업무인 만큼 생산 능력을 표현하는 데는 이 정도 지표면 충분하다. 동일한 프로세스를 통해 창출되는 부가가치와 고객가치도 마찬가지다.

그러나 제품이나 서비스를 설계하는 일은 어떨까? 누가 설계하느냐에 따라 (고객)가치가 크게 달라질 수 있다. 설계 문서의 양만 보면 큰 차이가 없을지 모르지만 가치의 원천은 양이 아니라 질이다. 즉 이런 경우에는 산출물의 내용을 고려하지 않고는 생산성을 논할 수 없다.

답은 컨셉추얼 씽킹에 있다

이런 관점에서 생각해보면 결국 창의적인 설계자일수록 생산적이라고 할 수 있다. 바꿔 말하면, 창조성과 생산성이 서로 상승작용을 일으키는 관계라고 보아야 생산성이라는 단어를 현대적으로 해석한 것이라고 할 수 있다.

공장 내에서도 창조성과 생산성의 시너지를 창출할 수 있다. 예를 들어 창의적인 아이디어를 바탕으로 공정을 끊임없이 개선해나간다면 결국 생산성이 향상될 것이다. 요컨대 생산성 딜레마는 생산성과 창조성이 상반된 특성을 띠고 있기 때문이 아니라 생산성을 고려할 때 창조성을 간과하기 때문에 초래되는 문제인 것이다.

따라서 관점을 달리하면, 창조성과 생산성이라는 두 마리 토끼를 모두 잡을 수 있다. 그리고 이를 위해서는 컨셉추얼 씽킹 역량을 반드시 갖춰야 한다.

문제는 '본질'이다

'컨셉추얼'은 이제 생존을 위해 피할 수 없는 개념이 되었다. 새로운 시대에 발맞춰 살아가려면 우선 자신의 컨셉추얼 스킬 수준이 어느 정도인지부터 확인할 필요가 있다.

컨셉추얼 스킬을 향상시키려면 꾸준히 훈련하는 수밖에 없다. 다음과 같은 훈련이 도움이 될 것이다.

1. 본질 파악하기

- 중요하지 않은 부분을 건너뛸 방법을 찾는 습관을 기른다
- 현상과 사물을 하나의 시스템으로 여기는 습관을 기른다
- 사고한 것을 '가시화'한다
- 사고 패턴을 늘린다
- 자신의 지론을 뚜렷하게 세워나간다

- 타인의 지론과 부딪쳐본다

2. 통찰력 기르기

- 신문이나 잡지 기사의 제목만 보고 내용을 연상한다
- 글을 쓴다
- 경험해보지 않은 일을 해본다(가보지 않은 길로 가보는 것도 좋음)
- 예술에 흥미를 가져본다

3. 응용력 기르기

- 일상적인 일을 할 때 분야가 다른 사람의 이야기에도 귀를 기울인다
- 머릿속 지식의 서랍을 늘려나간다
- 역사관을 뚜렷하게 세워나간다

부디 이 책을 읽은 뒤 직접 훈련도 해보면서 컨셉추얼 스킬을 향상시켜나가기 바란다.

컨셉추얼 씽킹

2020년 6월 26일 초판 1쇄 발행
지은이·요시카와 데쓰토 | 옮긴이·박종성
펴낸이·김상현, 최세현 | 경영고문·박시형

책임편집·김형필 | 디자인·최우영
마케팅·권금숙, 양근모, 양봉호, 임지윤, 조히라, 유미정
경영지원·김현우, 문경국 | 해외기획·우정민, 배혜림 | 디지털콘텐츠·김명래

펴낸곳·㈜쌤앤파커스 | 출판신고·2006년 9월 25일 제406-2006-000210호
주소·서울시 마포구 월드컵북로 396 누리꿈스퀘어 비즈니스타워 18층
전화·02-6712-9800 | 팩스·02-6712-9810 | 이메일·info@smpk.kr

ⓒ 요시카와 데쓰토 (저작권자와 맺은 특약에 따라 검인을 생략합니다)
ISBN 979-11-6534-119-0 (03320)

쌤앤파커스(Sam&Parkers)는 독자 여러분의 책에 관한 아이디어와 원고 투고를 설레는 마음으로 기다리고 있
습니다. 책으로 엮기를 원하는 아이디어가 있으신 분은 이메일 book@smpk.kr로 간단한 개요와 취지, 연락처
등을 보내주세요. 머뭇거리지 말고 문을 두드리세요. 길이 열립니다.

CONCEP
TUAL
THINKING

CONCEP
TUAL
THINKING